GESTÃO DE PESSOAS

Práticas em treinamento e desenvolvimento

Dados Internacionais de Catalogação na Publicação (CIP)
(Jeane Passos de Souza - CRB 8ª/6189)

Camilo, Juliana
Gestão de pessoas: práticas em treinamento e desenvolvimento / organização de Juliana Camilo, Dione Fagundes Nunes Gomes, Ivelise Fortim - São Paulo : Editora Senac São Paulo, 2018.

Bibliografia.
ISBN 978-65-5536-512-2 (Venda internacional)

1. Gestão de pessoas 2. Recursos Humanos : Administração 3. Recursos Humanos : Treinamento e desenvolvimento I. Gomes, Dione Fagundes Nunes. II. Fortim, Ivelise. III. Título.

18-721s CDD - 658.315
658.3124
BISAC BUS030000

Índice para catálogo sistemático:
1. Gestão de pessoas : Administração 658.315
2. Recursos Humanos : Administração : Treinamento e desenvolvimento 658.3124

GESTÃO DE PESSOAS

Práticas em treinamento e desenvolvimento

Juliana Camilo
Dione Fagundes Nunes Gomes
Ivelise Fortim
(orgs.)

Editora Senac São Paulo – São Paulo – 2018

Gerente/Publisher: Jeane Passos de Souza (jpassos@sp.senac.br)
Coordenação Editorial/Prospecção: Luís Américo Tousi Botelho (luis.tbotelho@sp.senac.br)
Dolores Crisci Manzano (dolores.cmanzano@sp.senac.br)
Administrativo: grupoedsadministrativo@sp.senac.br
Comercial: comercial@editorasenacsp.com.br

Edição e Preparação de Texto: Gabriela Lopes Adami
Revisão de Texto: Camila Lins, Karinna A. C. Taddeo
Projeto Gráfico, Capa e Editoração Eletrônica: Antonio Carlos De Angelis
Imagem da Capa: iStock

EDITORA SENAC SÃO PAULO
Rua 24 de Maio, 208 – 3º andar – Centro – CEP 01041-000
Caixa Postal 1120 – CEP 01032-970 – São Paulo – SP
Tel. (11) 2187-4450 – Fax (11) 2187-4486
E-mail: editora@sp.senac.br
Home page: http://www.livrariasenac.com.br

Sumário

Nota do editor

Uma organização é composta principalmente por pessoas e, portanto, para que possa crescer e alcançar seus objetivos, é importante que as pessoas inseridas nela também se desenvolvam da melhor forma.

O setor de Treinamento e Desenvolvimento de Pessoas (T&D), nesse sentido, assume um papel estratégico ao auxiliar a empresa no diagnóstico das necessidades de treinamento, identificando que competências precisam ser adquiridas ou melhoradas, levando em conta os contextos internos e externos da organização e as características de seus colaboradores.

Uma vez identificada a necessidade, a esta área cabe definir os métodos e as técnicas mais adequados para a elaboração do treinamento, considerando as características da educação de adultos, a inserção das novas tecnologias no processo de aprendizado e, principalmente, os objetivos da organização com o treinamento em questão. Também fazem parte do processo os cuidados para uma implementação eficaz do programa de T&D e, por fim, uma avaliação apropriada dos resultados obtidos.

Obra composta por profissionais com experiências diversas nas áreas de psicologia e administração, **Gestão de pessoas: práticas em treinamento e desenvolvimento** tem como objetivo, portanto, auxiliar estudantes e profissionais, como gestores e demais responsáveis pelo setor de T&D, nessa importante tarefa de treinar e desenvolver pessoas na organização, atuando de forma humana e com qualidade em todas as etapas.

Apresentação

Podemos dizer que os estudos acerca de treinamento e desenvolvimento de pessoas se estabelecem em um campo fronteiriço entre diferentes áreas do saber, como a psicologia, a pedagogia e a administração. Para compreendê-lo, e para criar ações de T&D que sejam efetivas e bem fundamentadas, faz-se necessário estabelecer um diálogo contínuo entre essas áreas, considerando, é claro, suas respectivas especificidades.

Nesse sentido, este livro dispõe-se a trazer os principais conceitos, práticas e técnicas que norteiam o trabalho de T&D nas organizações. Fruto da experiência e das reflexões feitas durante a docência e a coordenação de cursos de extensão sobre o assunto, a obra nasceu a partir da observação das necessidades das alunas e dos alunos de conhecerem, de forma didática, o trabalho desenvolvido atualmente nas empresas. Com isso, buscou-se organizar um material que fornecesse subsídios para que o leitor – seja ele um estudante, seja um profissional atuante no mercado – possa se alinhar à cultura da organização, assim como tecer críticas e pensar avanços para o seu modelo de gestão.

O capítulo 1, "A aprendizagem nas organizações", aborda o contexto geral da aprendizagem organizacional, destacando o processo da andragogia (educação de adultos) e a gestão do conhecimento em ambientes corporativos.

O capítulo 2, "A gestão por competências no contexto atual", focaliza o conceito de competência e sua importância no desenvolvimento das práticas organizacionais voltadas para T&D.

Inaugurando o ciclo de treinamento, o capítulo 3, "Levantamento de necessidades de treinamento (LNT)", apresenta os cuidados essenciais na identificação adequada das demandas de T&D como etapa essencial para o sucesso dos programas propostos.

Na sequência, o capítulo 4, "Principais métodos e técnicas em treinamento", expõe, em linhas gerais, as formas como os programas de T&D podem ser estruturados e os métodos e as técnicas que podem ser utilizados nos diferentes programas, considerando os objetivos da empresa, o público-alvo do treinamento e outros aspectos afins.

Nessa linha, o capítulo 5, "Aplicação do treinamento", apresenta os principais cuidados que devem ser observados durante a condução e a execução dos programas de treinamento a fim de garantir sua efetividade.

Qualquer abordagem sobre desenvolvimento de pessoas ficaria incompleta se não contemplasse o impacto das novas tecnologias nos processos de aprendizagem organizacional e, por conseguinte, nos programas de T&D. Por conta disso, foi incluído o capítulo 6, "Novas tecnologias em treinamento", o qual trata de algumas das práticas atuais em T&D que se valem dessas ferramentas.

Por fim, no intuito de destacar a relevância do acompanhamento dos resultados das ações desenvolvidas, o capítulo 7, "Avaliação de resultados em programas de T&D", relaciona o aumento da complexidade e da demanda da área de treinamento com a necessidade de utilizar ferramentas de medição, a fim de justificar os recursos destinados ao desenvolvimento de pessoas na organização e de verificar se os resultados esperados estão sendo obtidos.

As pesquisas apresentadas aqui retomam tanto obras clássicas como outras mais recentes da literatura da área, evidenciando seus principais processos e ferramentas. O livro está estruturado de forma a auxiliar as/os docentes a trabalharem com os temas, apresentando reflexões e atividades práticas ao final de cada capítulo, mas não se limita apenas a isso: também pode ser usado como livro didático em cursos tecnológicos, de graduação, de extensão ou de especialização, bem como servir para orientar quem está se iniciando na carreira. Mostra-se, ainda, uma obra útil àqueles profissionais já experientes e que desejam trabalhar com as técnicas apresentadas de forma mais alicerçada.

Com isso, esperamos proporcionar conceitos, instrumentos e reflexões no intuito de levar a cabo um modelo de treinamento humanizado e com maior valor para todas as pessoas envolvidas com a organização.

Esperamos que você aprenda lendo este livro tanto quanto nós aprendemos ao organizá-lo e escrevê-lo.

Juliana Camilo
Dione Fagundes Nunes Gomes
Ivelise Fortim

1. A aprendizagem nas organizações

Dione Fagundes Nunes Gomes

1.1 CONCEITOS DE EDUCAÇÃO

Antes de tratar propriamente das concepções de treinamento e desenvolvimento (T&D) no contexto corporativo, é necessário ampliar a visão e começar do começo, isto é, refletir sobre os conceitos de aprendizagem em geral.

Quando pensamos em educação, a ideia inicialmente nos remete aos ambientes familiar e escolar, ou ainda à concepção que os dicionários trazem. Dentre as tantas definições disponíveis, podemos citar como exemplo:

> Conjunto de métodos próprios a fim de assegurar a instrução e a formação do indivíduo; ensino. Conhecimento, aptidão e desenvolvimento em consequência desse processo; formação, preparo. (MICHAELIS, s.d.)

> Ação ou efeito de educar, de aperfeiçoar as capacidades intelectuais e morais de alguém: educação formal; educação infantil. (DICIONÁRIO ONLINE DE PORTUGUÊS, s.d.)

A educação é um processo amplo, duradouro e construído socialmente. De fato, é um processo que se inicia no ambiente familiar e se estende por toda a vida do indivíduo. Há uma troca constante entre as pessoas e o meio onde estão inseridas, de modo que influências e experiências transitam sempre em via de mão dupla. Chiavenato (2006, p. 401) nos ajuda a compreender esses aspectos quando diz que a "educação é toda influência que o ser humano recebe do ambiente social, durante toda sua existência, a fim de adaptar-se às normas e aos valores sociais vigentes e aceitos".

Em outras palavras, o indivíduo é influenciado pelo ambiente em que se encontra, mas também influencia esse mesmo ambiente, na medida em que devolve comportamentos que também foram modificados pelos seus próprios conteúdos, repertórios, interesses e crenças. É um processo dinâmico e muito poderoso. Somos constantemente modificados pelo meio e também o modificamos constantemente.

"A educação é o preparo para a vida e pela vida" (CHIAVENATO, 2006, p. 401). Viver é submeter-se a esse processo, que ocorre, em certa medida, independentemente da nossa consciência sobre sua importância. Uma criança, desde a mais tenra idade, é exposta a estímulos positivos e negativos que lhe são imprimidos por seus pais ou por pessoas próximas, de forma a moldar seu comportamento para o que seria socialmente aceito, preferencialmente cumprindo preceitos de retidão dentro da ética vigente. Entretanto, ela só terá consciência disso bem mais tarde.

1.1.1 Educação profissional

Há vários tipos de educação, mas aquela que mais interessa ao contexto corporativo é a educação profissional, conforme esquematizado na figura a seguir.

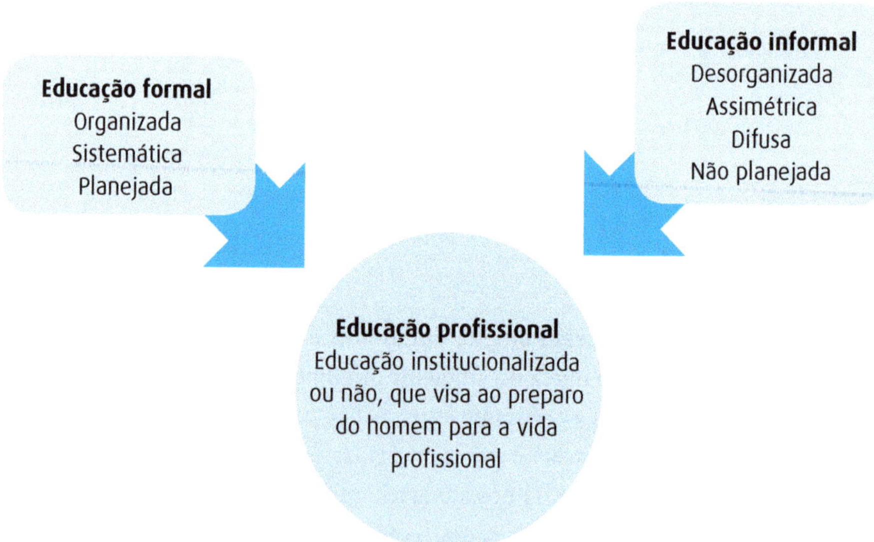

Figura 1. **Tipos de educação**

Fonte: elaborado pela autora com base em Chiavenato (2006, p. 401-402).

Em relação à educação profissional, temos a tendência de considerar a informalidade como algo menos efetivo, tendo em vista suas características de desorganização e ausência de planejamento. Entretanto, a realidade nos mostra (e historicamente sempre mostrou) que a educação informal é tão poderosa quanto a formal – basta considerarmos que muitas profissões eram passadas de pai para filho, sem a participação da escola ou de qualquer ação educacional sistemática.

Em geral, podemos dizer que a educação profissional compreende três etapas:

- formação profissional;
- aperfeiçoamento ou desenvolvimento profissional;
- treinamento.

O quadro a seguir apresenta características importantes de cada uma.

Quadro 1. **Etapas da educação profissional**

Formação profissional	É a educação que prepara a pessoa para uma profissão em determinado mercado de trabalho. Seus objetivos são amplos e situados no longo prazo, visando qualificar a pessoa para uma futura profissão. A formação profissional pode ser dada em escolas ou mesmo dentro da organização.
Desenvolvimento profissional	É a educação profissional que aperfeiçoa a pessoa para uma carreira dentro de uma profissão. Visa ampliar, desenvolver e aperfeiçoar a pessoa para o seu crescimento profissional em determinada carreira na organização ou para que se torne mais eficiente e produtiva em seu cargo. Seus objetivos são menos amplos que os da formação e situados no médio prazo.
Treinamento	É a educação profissional que adapta a pessoa para o cargo ou para a função. Seus objetivos, situados no curto prazo, são restritos e imediatos, buscando dar ao profissional os elementos essenciais para o exercício de um cargo, preparando-o adequadamente para isso. Obedece a um programa preestabelecido e atende a uma ação sistemática, visando à adaptação do indivíduo ao trabalho.

Fonte: adaptado de Chiavenato (2006, p. 401-402).

1.2 PROCESSOS DE APRENDIZAGEM

No contexto da educação estão necessariamente embutidos os processos de aprendizagem. No entanto, entre os estudiosos não há univocidade na compreensão do que seja aprender – são elencados, em vez disso, aspectos inerentes ao processo de aprender, atribuindo-se maior ênfase a um ou outro aspecto. Podemos exemplificar pelo menos três significados atribuídos à aprendizagem, os quais são sinalizados por Reboul (1991), citado por Morin e Aubé (2009), conforme mostra o quadro a seguir:

Quadro 2. **Significados do processo de aprender**

Informar-se, obter esclarecimento, adquirir informação, ficar ciente de algo.	• A aquisição de conhecimento requer preparação do indivíduo e exige atividades intelectuais (depende do nível de amadurecimento). Para que a nova informação seja útil à aprendizagem da pessoa, deve ser posta a serviço de uma atividade, ou seja, deve criar condições e disposições para aprender um saber-fazer e um saber-viver.
Adquirir um saber-fazer, uma habilidade, uma competência; aprender a fazer alguma coisa.	• Conduta útil que pode ser reproduzida à vontade, sempre que preciso. • Saber-fazer não significa saber-fazer bem; isso requer empenho (experimentação, prática, repetição, tentativa) e aquisição de conhecimentos afins, além de um método (objetivos e modelos otimizam o processo). • Não é saber imitar, é adaptar condutas às situações imprevistas, é administrar os próprios recursos tirando deles o melhor partido, é improvisar, é agir inteligentemente, superar ansiedades, fazer experiência de mudança, tolerar incerteza e insegurança, encontrar sentido nos atos apesar das tensões e do desconhecido.
Instruir-se, compreender, apreender o sentido e o alcance de algo e, a partir disso, agir.	• Corrigir seus erros, mudar hábitos, imaginar soluções originais para problemas cotidianos, criar instrumentos que melhorem a eficiência do trabalho. • Pressupõe uma atitude de abertura para a experiência, que resulta na consciência que se enriquece com as experiências passadas e modifica a qualidade das futuras.

Fonte: adaptado de Morin e Aubé (2009, p. 164-166).

Podemos assumir, portanto, que aprender

> [...] é uma mudança ou alteração permanente no comportamento em função da experiência passada de cada indivíduo. Afeta a maneira pela qual a pessoa pensa, sente e age, bem como suas crenças, valores e objetivos pessoais. (CHIAVENATO, 2006, p. 397)

Algumas vertentes teóricas nos ajudam a compreender o processo de aprendizagem, pois oferecem sustentação aos principais modelos de aprendizagem individual, a saber: o modelo behaviorista (SKINNER, 1974), o modelo cognitivista (PIAGET, 1967) e o modelo experiencial (KOLB, 1984 *apud* MORIN; AUBÉ, 2009).

O modelo behaviorista de Skinner tem seu foco no comportamento, pois este é observável e mensurável. Esse modelo preconiza que são os fatores externos ao indivíduo que condicionam o seu comportamento. Sendo assim, recompensas e punições seriam estímulos suficientes para ajustar o comportamento das pessoas. Se determinado comportamento recebe estímulo positivo (reforço, recompensa), a pessoa "aprende" que aquele comportamento é adequado e que, portanto, deve ser repetido e desenvolvido. São exemplos de recompensas o elogio, o apoio, os prêmios, o dinheiro, o reconhecimento público, etc. Da mesma forma, o estímulo negativo a determinado comportamento fortalece no indivíduo a tendência de não o repetir, pois ele "aprende" que aquilo não é adequado. Castigo, advertência, indiferença, supressões de qualquer ordem ou mesmo um olhar reprovador são poderosos estímulos negativos (punições). Skinner (1974 *apud* MORIN; AUBÉ, 2009, p. 171) acredita que "não é útil nem necessário compreender as atividades da inteligência, memória, percepção ou motivação para explicar o comportamento humano"; basta conhecer os estímulos ou acontecimentos que desencadeiam os comportamentos desejados.

O modelo cognitivista de Piaget, por sua vez, é mais abrangente do que o behaviorista, pois explica melhor fenômenos mais complexos, como a aprendizagem de conceitos e a solução de problemas. Também procura utilizar dados objetivos, comportamentais – conforme proposto no modelo behaviorista –, mas acrescenta dados subjetivos; leva em consideração as crenças e percepções dos indivíduos, as quais influenciam seu processo de apreensão da realidade.

Por fim, o modelo experiencial de Kolb valoriza as ações e a prática no processo de aprendizagem. O indivíduo aprende a partir das experiências passadas de sucesso e insucesso, da observação de outros e de outras fontes de relacionamento.

Esses modelos são gerais, mas há que se considerar que os indivíduos aprendem de forma diferente, em ritmos diferentes, valendo-se dos canais perceptivos que guardam mais afinidade com seu repertório, seus interesses e suas inclinações. Além disso, a intensidade de algumas habilidades e mesmo a idade interferem no processo de aprendizagem. Desta forma, a andragogia ganha relevância no contexto da aprendizagem que ocorre no espaço corporativo, na medida em que explica a melhor forma de os adultos aprenderem.

Knowles (1990) afirma que a andragogia é uma ciência voltada para a educação de adultos, cujo foco é compreender como habilidades e conhecimentos podem ser desenvolvidos por meio de um processo de ensino-aprendizagem adequado a essa faixa etária. Segundo o autor, os adultos preferem os ambientes informais para aprender.

Dessa forma, o modelo andragógico baseia-se nos princípios demonstrados no quadro a seguir.

Quadro 3. **Princípios da andragogia**

1. Necessidade de saber	Adultos precisam saber por que precisam aprender e qual o ganho que terão no processo.
2. Autoconceito do aprendiz	Adultos são responsáveis por suas decisões e por sua vida, portanto, querem ser vistos e tratados pelos outros como capazes de se autodirigir.
3. Papel das experiências	Para o adulto, suas experiências são a base de seu aprendizado. As técnicas que aproveitam essa amplitude de diferenças individuais serão mais eficazes.
4. Prontidão para aprender	O adulto se dispõe a aprender quando a ocasião exige algum tipo de aprendizagem relacionado a situações reais de seu dia a dia.
5. Orientação para aprendizagem	O adulto aprende melhor quando os conceitos apresentados estão contextualizados para alguma aplicação e utilidade.
6. Motivação	Adultos são mais motivados a aprender por valores intrínsecos: autoestima, qualidade de vida, desenvolvimento, etc.

Fonte: adaptado de Knowles (1990, p. 57-63).

1.3 APRENDIZAGEM ORGANIZACIONAL E GESTÃO DO CONHECIMENTO

No ambiente organizacional, os processos de aprendizagem encontram-se cada vez mais presentes e valorizados, uma vez que já é lugar comum o reconhecimento de que são as pessoas a maior fonte de vantagem competitiva de uma empresa. Na verdade, são seus conhecimentos mobilizados para a geração de resultados, juntamente das habilidades e da vontade, que efetivamente podem fazer a diferença entre o fracasso e o sucesso das estratégias organizacionais diante da competitividade estabelecida em escala global.

Nessa linha, Fleury e Oliveira Júnior (2002) chamam nossa atenção para duas implicações importantes para os estudos da aprendizagem organizacional e da gestão do conhecimento, conforme aponta o quadro a seguir:

Quadro 4. **Implicações para a aprendizagem organizacional e para a gestão do conhecimento**

1ª implicação: recursos implicam ativos tangíveis e intangíveis	Conjuntos de habilidades e conhecimentos, desenvolvidos através de processos de aprendizagem, são ativos que desempenham um papel estratégico na "economia do conhecimento".
2ª implicação: a forma como os recursos empresariais são desenvolvidos é cada vez mais relevante e decorre de processos de aprendizagem	O conhecimento é central e estratégico nos processos econômicos; investimentos em ativos intangíveis crescem mais rápido que os dos ativos tangíveis; países, empresas, pessoas com mais conhecimento obtêm mais sucesso e reconhecimento.

Fonte: adaptado de Fleury e Oliveira Júnior (2002, p. 134).

Na sequência, os autores reúnem algumas das principais definições de aprendizagem organizacional:

Quadro 5. **Definições de aprendizagem organizacional**

- Aprendizagem organizacional é um processo de identificação e correção de erros. (ARGYRIS, 1992)
- Aprendizagem organizacional significa um processo de aperfeiçoar as ações pelo melhor conhecimento e compreensão. (FIOL; LYLES, 1985)
- Organizações que aprendem são organizações capazes de criar, adquirir e transferir conhecimentos e modificar seus comportamentos para refletir esses novos conhecimentos. (GARVIN, 1993)
- Uma organização que aprende está continuamente expandindo sua capacidade de criar o futuro. (SENGE, 1990)

Fonte: adaptado de Fleury e Oliveira Júnior (2002, p. 135).

Aprendizagem e gestão do conhecimento nas empresas são processos que se relacionam de forma direta, considerando que as mudanças ocorridas no interior dessas organizações procedem da dinâmica constante entre aprendizagem individual e organizacional. Essa dinâmica ocorre por meio de ciclos, como proposto por Argyris e Schön (1974, 1978 *apud* FLEURY; OLIVEIRA JÚNIOR, 2002). Segundo esses autores, os ciclos ou circuitos de aprendizagem tratam de como os pressupostos que orientam o comportamento dos indivíduos e dos grupos das organizações podem ser alterados em um processo de aprendizagem organizacional. Eles classificam dois tipos de circuito de aprendizagem:

» **Circuito simples:** resolve os problemas visíveis, porém não soluciona a raiz da questão, ou seja, somente identifica e corrige um erro.

» **Circuito duplo:** primeiro é necessário alterar os pressupostos ou valores fundamentais antes de corrigir o problema aparente; ou seja, identificar, alterar valores pressupostos que causam o erro e por fim o corrigir o problema, para que este não se repita.

O ambiente de aprendizagem é característica presente nas chamadas *learning organizations*, ou organizações que aprendem. Segundo Senge (1990), cinco disciplinas constituem o seu alicerce e se traduzem em "programas de longo prazo de desenvolvimento, aprendizado e prática organizacional" (CHIAVENATO, 2006, p. 447). São elas:

Quadro 6. **As cinco disciplinas das organizações que aprendem**

Maestria (ou domínio) pessoal	É o aumento da capacidade de desenvolvimento individual.
Modelos mentais	São *insights* como referência para ações e decisões no ambiente de trabalho. Consistem em refletir, esclarecer continuamente.
Visão compartilhada	Criação de compromissos com objetivos comuns (princípios, diretrizes) da equipe de trabalho.
Aprendizado em equipe	Capacidade de desenvolver conhecimento e habilidades coletivas (habilidades sociais e relacionamento interpessoal).
Pensamento sistêmico	Ferramenta mental para lidar com a mudança; pensamento global; visão da totalidade.

Fonte: adaptado de Chiavenato (2006, p. 447-448).

As organizações, atentas às contribuições ao negócio que um ambiente de aprendizagem contínua pode ofertar, tendem a investir de forma crescente na gestão do conhecimento e nas práticas que a viabilizam. A gestão do conhecimento, portanto, "é o processo sistemático de identificação, criação, renovação e aplicação dos conhecimentos que são estratégicos na vida de uma organização. É a administração dos ativos de conhecimento desta organização" (SANTOS, 2001, p. 32).

O quadro 7 destaca as principais práticas que viabilizam a gestão do conhecimento em uma organização, bem como suas definições segundo Penteado, Carvalho e Penteado (2008).

Dentre essas práticas, merecem especial destaque as ações voltadas para a educação corporativa, que visam atingir toda a cadeia de valor, culminando com o valor agregado aos produtos e serviços da empresa, por meio do alinhamento das competências individuais às organizacionais.

Tradicionalmente, a educação corporativa estava restrita aos centros de treinamento ou à conhecida área de Treinamento e Desenvolvimento (T&D). A criação das universidades corporativas elevou os programas e as práticas de T&D a um patamar estratégico, incorporando outras ações focadas no negócio e em sua estratégia principal, englobando toda a cadeia de valor e direcionando-a para a identificação e a sustentação da vantagem competitiva.

Quadro 7. **Principais práticas de gestão do conhecimento**

CONCEITOS	DEFINIÇÃO
Aprendizagem organizacional	Consiste em realizar mudanças na base de conhecimentos da organização, na criação de estruturas coletivas de referência e no crescimento da competência da organização para agir e resolver problemas.
Comunidades de prática	São grupos que se reúnem periodicamente por compartilharem interesses comuns em aprender algo, a fim de trocar experiências e colocar em prática esse aprendizado. Trata-se de um complemento às estruturas formais que tendem a prosperar em organizações nas quais há um estágio elevado de confiança entre os gestores e os colaboradores.
Educação corporativa	Consiste nos processos de educação continuada, com vistas à atualização do pessoal de maneira uniforme em todas as áreas da organização.
Gestão de competências	É a forma como a organização planeja, organiza, desenvolve, acompanha e avalia as competências essenciais ao seu negócio.
Inteligência competitiva	É sinônimo de capacidade de antecipar ameaças e identificar oportunidades por meio de um processo contínuo em que a informação é transformada em conhecimento e possui validade para a tomada de decisão.
Memória organizacional	É um sistema de conhecimentos e habilidades para preservar e armazenar percepções e experiências, para que estas possam ser recuperadas posteriormente.
Portais corporativos	São instrumentos fundamentais no esforço de compartilhar informação e conhecimento no interior das organizações.

Fonte: adaptado de Penteado, Carvalho e Penteado (2008, p. 5-6).

Marcondes e Paiva (2001, p. 2) definem a universidade corporativa, destacando seu principal objetivo:

> É uma instituição de ensino criada por organizações empresariais, com base em universidades convencionais, com o objetivo de desenvolver os seus modelos de educação/formação em conjunto com as estratégias da empresa. A universidade corporativa está voltada para os funcionários, fornecedores, distribuidores, clientes e também para a comunidade onde a empresa está situada.

Na concepção da universidade corporativa estão previstas parcerias com instituições de ensino para ajudar no alinhamento dos perfis de competências dos profissionais aos objetivos estratégicos da organização, bem como a atuação da organização no ambiente social em que está inserida. Nesse sentido, a empresa pode desenvolver ações que convirjam com anseios e necessidades da comunidade – por exemplo, promovendo cursos, oferecendo estágios ou visitas assistidas às instalações da empresa e outras práticas que possam agregar valor à sua relação com a comunidade e, por conseguinte, à sua estratégia de negócio. Na concepção tradicional de T&D, esse tipo de atuação não está prevista, sendo que suas práticas estão quase que totalmente voltadas para o público interno.

Comparativamente falando, podemos dizer que a forma como essas duas concepções são vistas revela a superação do modelo tradicional de T&D, antes voltado para dentro da organização, em direção a um modelo estratégico e competitivo, comprometido com a geração e a manutenção das competências necessárias ao sucesso do negócio.

Para finalizar, vale destacar a tendência do desenvolvimento e da aplicação de programas de T&D que privilegiam de forma mais equitativa tanto os aspectos técnicos quanto os comportamentais. A educação corporativa, nesse sentido, também tem evoluído na direção de abastecer os profissionais, em sua trajetória de carreira, de formações híbridas e voltadas para a necessidade específica do seu desenvolvimento, de modo a facilitar a entrega de resultados. Por exemplo, é possível observar que determinados conhecimentos técnicos podem instrumentalizar o profissional de forma mais pontual; entretanto, à medida que este profissional assume a função de gestão e avança sucessivamente na complexidade que essa tarefa impõe, ele precisa de maior domínio dos aspectos comportamentais.

QUESTÕES PARA FIXAÇÃO DO CONTEÚDO

Reflita sobre o conteúdo apresentado neste capítulo e responda às seguintes questões:

1. O que é andragogia e quais são suas implicações para os processos de aprendizagem presentes no mundo corporativo?
2. Quais paralelos você consegue estabelecer entre as práticas de gestão do conhecimento apontadas no texto e as que observa em seu local de trabalho? Explique.

REFERÊNCIAS BIBLIOGRÁFICAS

CHIAVENATO, I. **Recursos humanos**: o capital humano das organizações. 8. ed. São Paulo: Atlas, 2006.

DICIONÁRIO ONLINE DE PORTUGUÊS. Educação. Disponível em: <https://www.dicio.com.br/educacao/>. Acesso em: 20 mar. 2017.

FLEURY, M. T. L.; OLIVEIRA JÚNIOR, M. M. Aprendizagem e gestão do conhecimento. In: FLEURY, Maria Tereza L. (Coord.). **As pessoas na organização.** São Paulo: Editora Gente, 2002.

KNOWLES, M. S. **The adult learner**: a neglected species. 4. ed. Houston: Gulf Publishing, 1990.

MARCONDES, R. C.; PAIVA, J. A. **Afinal, a universidade corporativa é uma T&D revisitada?** 2001. Disponível em: <http://www.anpad.org.br/~anpad/eventos.php?cod_evento=1&cod_edicao_subsecao=50&cod_evento_edicao=5&cod_edicao_trabalho=3078>. Acesso em: 26 mar. 2017.

MICHAELIS – DICIONÁRIO BRASILEIRO DA LÍNGUA PORTUGUESA. Educação. Disponível em: <http://michaelis.uol.com.br/busca?r=0&f=0&t=0&palavra=educa%C3%A7%C3%A3o>. Acesso em: 20 mar. 2017.

MORIN, E. M.; AUBÉ, C. **Psicologia e gestão.** São Paulo: Atlas, 2009.

PENTEADO, R. de F. S.; CARVALHO, H. G. de; PENTEADO, J. G. **Práticas de gestão do conhecimento presentes em um programa de sugestão empresarial.** 2008. Disponível em: <http://www.saepro.ufv.br/wp-content/uploads/2008-22.pdf>. Acesso em: 31 mar. 2017.

PIAGET, J. **A psicologia da inteligência.** Lisboa: Editora Fundo de Cultura, 1967.

SANTOS, A. R. *et al.* Gestão do conhecimento como modelo empresarial. In: SANTOS, A. R. *et al.* (Org.). **Gestão do conhecimento**: uma experiência para o sucesso empresarial. Curitiba: Editora Universitária Champagnat, 2001. Disponível em: <http://www1.serpro.gov.br/publicacoes/gco_site/m_capitulo01.htm>. Acesso em: 31 mar. 2017.

SENGE, P. M. **The fifth discipline**: the art and practice of the learning organization. Nova York: Doubleday/Currency, 1990.

SKINNER, B. F. **About behaviorism.** Nova York: Knopf, 1974.

2. A gestão por competências no contexto atual

Laura Marques Castelhano*

2.1 POR QUE TREINAR E DESENVOLVER PESSOAS NAS ORGANIZAÇÕES?

Treinar e desenvolver pessoas dentro das organizações atende a três necessidades fundamentais: a de compor uma estratégia de negócio, a de desenvolver o ambiente organizacional e a de auxiliar as equipes de trabalho e os indivíduos em suas aspirações. Cada uma dessas necessidades tem em si o valor da competência como um dos propósitos de desenvolvimento.

O treinamento conecta pessoas ao negócio e visa, por meio do desenvolvimento das competências, a uma gestão integrada baseada em valores e condizente com os modelos e com o funcionamento da empresa.

Portanto, treinar pessoas apoiará:

» **O desenvolvimento do negócio**: um programa de treinamento deve ser pensado e apoiado na estratégia da empresa. Segundo Ulrich, Smallwood e Sweetman (2011), as organizações estratégicas formam a próxima geração e garantem que a empresa tenha competências em longo prazo, as quais são necessárias para o sucesso futuro. Dessa forma, como lembram Wick, Pollock e Jefferson (2011), os objetivos do aprendizado devem estar relacionados com os objetivos do negócio; portanto, compreender o negócio, a

* Graduada em psicologia, mestre em psicologia social e doutora em psicologia pela PUC-SP. Atua como docente do Núcleo de Psicologia Organizacional da PUC-SP. Contato: laura@gestaodesi.com.br.

situação atual da empresa, a maneira como os concorrentes têm resolvido problemas semelhantes, e traduzir isso em necessidades e resultados esperados, reforça as prioridades do treinamento.

» **O desenvolvimento do ambiente organizacional**: a vida na organização, composta por suas diversas estruturas, seus modelos de gestão e seus processos, é extremamente dinâmica. Esses componentes afetam as lideranças e o modo como as pessoas trabalham em equipes, bem como as percepções acerca dessas relações. Programas de treinamento, portanto, devem considerar tal dinâmica e incluir e apoiar a gestão para tornar o ambiente propício ao aprendizado, visando, paralelamente, obter melhores resultados e melhores performances do negócio. De acordo com Senge (1999), ambientes organizacionais devem suportar e alavancar a imaginação e a iniciativa que existe em todos os níveis, propiciando, por meio da interação do que nasce desse ambiente, a aprendizagem que permite às organizações uma forma de ser mais saudável.

» **O desenvolvimento das pessoas**: qualquer ação de treinamento tem como alvo, principalmente, as pessoas. A área de treinamento gera valor para a empresa por meio dos indivíduos. Como afirma Kotter (1999), o desempenho de uma organização depende da contribuição das pessoas, da visão de futuro compartilhada e da gestão das lideranças, e são estas as metas que devem compor os programas de desenvolvimento nas organizações.

Para compreender melhor essas questões, algumas reflexões podem ser propostas, conforme veremos a seguir.

2.2 OS NOVOS PARADIGMAS DO MUNDO DOS NEGÓCIOS

Atualmente, os novos paradigmas que sustentam o mercado e o mundo dos negócios quebram uma lógica que esteve presente até a década de 1970, de uma visão mecanicista e cartesiana que apoiava padrões de funcionamento baseados em controle e rotinas fragmentadas. Neste modelo, as carreiras dentro das organizações eram lineares, planejadas, marcadas por sinais visíveis de ascendência na escala hierárquica.

No entanto, a partir da década de 1980, uma série de mudanças alterou esse cenário no mundo (e no Brasil em meados da década de 1990). Segundo Ianni

(2001), em poucos anos terminou-se um ciclo da história e outro começou, o que ocasionou grandes rupturas e o surgimento de novas perspectivas sociais, econômicas, políticas e culturais. Esse processo, chamado globalização, teve um impacto significativo nos modelos de competitividade e na abertura dos mercados. As economias nacionais tiveram que se adaptar às exigências da economia mundial. Para Ianni (2001), a globalização tornou-se um poderoso sistema, um processo civilizatório, que se expandiu e se expande continuamente, adquirindo um dinamismo próprio, criando e recriando diferentes formas sociais de vida e trabalho.

No contexto empresarial, como afirma Leite (2003), para se readequarem ao mercado as empresas promoveram uma profunda transformação na forma de produzir, buscando competitividade para assegurar sua permanência no mercado.

Dessa forma, temos, por um lado, a introdução de novas tecnologias no processo de trabalho e, por outro, uma mudança organizacional complexa. De acordo com Guimarães (2008), são gatilhos dessas mudanças a tecnologia, a informática e as comunicações, que provocam avanços sem volta; geram descontinuidades e criam novos paradigmas. A integração pela tecnologia da informação e comunicação evoluiu com muita rapidez. Grande parte da sociedade economicamente relevante já está integrada por completo, e isso está revolucionando a forma de fazer negócios.

Podemos considerar como mais relevantes os seguintes paradigmas organizacionais:

1. **A mudança é constante, tudo muda rapidamente.** A única coisa certa hoje para as empresas é a mudança. Apesar do contrassenso, é uma realidade. Para sobreviverem, as organizações precisam se reinventar a cada instante. Isso porque os avanços e as inovações científicas, tecnológicas e sociais impulsionam os mercados e geram competitividade. As mudanças fazem parte da sistemática do modelo de mundo atual e isso tem um impacto muito grande nos modelos de desenvolvimento de pessoas. De um lado, há grandes necessidades de reorganização e ganhos de produtividade e, de outro, novos processos e novas formas de trabalho que passam a compor uma nova organização de pessoas.
2. **Com a tecnologia, temos acesso à informação a qualquer hora e praticamente em qualquer lugar.** Vivemos na "sociedade do conhecimento", na qual a inovação, a informação e o conhecimento passam a ser tão ou mais importantes que o capital financeiro. Segundo Guimarães (2008), isso

apenas amplifica o conceito da valorização do indivíduo, pois "conhecimento é gente", e competência é o conhecimento aplicado. Esse conceito é radicalmente novo e muda completamente a forma de organizar e gerir as pessoas.

3. **Atualmente há novos métodos de gestão e uma busca constante por desempenho e resultados.** Temos a influência de muitas variáveis no ambiente organizacional e isso impõe novas exigências para as pessoas que ali trabalham. O mercado é globalizado, e as carreiras também. As trajetórias profissionais são hoje imprevisíveis e multiformes, caracterizadas pela acumulação de informações e conhecimentos e por serem dependentes de competências individuais. Por isso, devemos nos guiar pelo desenvolvimento contínuo.

Dessa forma, por conta das grandes rupturas e dos novos paradigmas, as empresas têm um modo de funcionamento bastante diferente daquele que víamos antes da década de 1970. Como lembra Morgan (1996), hoje em dia, as empresas atendem a uma lógica global; são complexas, ambíguas, paradoxais e enxutas. Do profissional é exigido saber lidar com a mudança e com o incerto.

2.3 PROCESSO DE MUDANÇA

Como vimos, as mudanças fazem parte da vida das empresas e das pessoas, que têm de realizá-las para poder responder aos novos desafios do mercado. Todas essas mudanças acabam gerando importantes reestruturações, bem como novas formas de trabalho, novas competências e uma nova organização das pessoas.

A gestão da mudança é um processo que visa, por meio de um conjunto de mecanismos e ferramentas, transformar. No entanto, o mais importante nessa transformação é compreender que, dentro das empresas, o grande foco da mudança devem ser as pessoas.

Apesar disso, mudar não é fácil, e, para favorecer a adesão à mudança, líderes e gestores de recursos humanos, que algumas vezes acabam assumindo a gestão do processo, precisam estabelecer uma estratégia eficaz, a qual, segundo Guimarães (2008) e Kotter (1999), pressupõe:

» **Enfoque**: montar uma estratégia de longo prazo, estabelecendo a visão da empresa pós-mudança.

- **Preparação**: estabelecer prazos e objetivos. Identificar os colaboradores e gestores que podem servir como agentes da mudança.
- **Envolvimento**: envolver os colaboradores na definição do que deve ser mudado. É preciso que todas as pessoas compreendam as razões da mudança e sintam-se parte dela.
- **Liderança**: preparar a liderança para estar disponível e visível, assegurando-se de que todos os gestores estejam informados sobre os alvos e sobre a estratégia.
- **Comunicação**: direcionar esforços para que a visão da mudança seja devidamente comunicada nos diferentes níveis organizacionais, a fim de garantir seu aprendizado por todos da empresa.
- **Suporte**: proporcionar apoio aos colaboradores, respeitando o tempo das pessoas, ouvindo e dividindo. O ideal é conduzir o processo com o máximo envolvimento e adesão das pessoas. Administrar erradamente ansiedades e expectativas faz com que as resistências e a falta de motivação surjam.
- **Medidas**: avaliar o tempo e a eficácia das ações, definindo critérios de medida para as atividades-chave em curto, médio e longo prazo; e avaliar as competências essenciais para a gestão pós-mudança. As pessoas se sentem mais motivadas quando percebem algum progresso nas atividades que executam. Também é recomendável recompensar resultados.
- **Implementação**: criar estratégias de implementação, comitês e equipes multidisciplinares de gestão e acompanhamento, e proporcionar oportunidades de evolução para todos.

2.4 A INSERÇÃO DO TREINAMENTO E DESENVOLVIMENTO NO CONTEXTO ATUAL

À luz do que foi discutido até aqui, quais seriam, então, os grandes desafios para a área de treinamento e desenvolvimento hoje?

A área de recursos humanos, por conta do cenário atual, tornou-se complexa e muitas vezes paradoxal, pois, ao mesmo tempo que são exigidas funções estratégicas, também é necessário pensar a operacionalização; ou seja, ao mesmo tempo que é exigido um processo, também são esperadas ações e soluções. De qualquer maneira, o olhar dessa área nunca deve deixar de se dirigir para o indivíduo.

Aqueles que cuidam das pessoas dentro da organização – muitas vezes representados pelo setor de RH, mas não só por ele – devem propor ações que alinhem cada um dos subsistemas (por exemplo, aquisição, gestão e retenção de talentos, remuneração, treinamento, desenvolvimento, qualidade de vida no trabalho – QVT, sistemas de informações gerenciais, etc.) às metas de desenvolvimento humano e organizacional.

Portanto, como lembram Ulrich *et al.* (2013), as ações de treinamento e desenvolvimento de pessoas devem contribuir para o desempenho do negócio e gerar valor significativo e sustentável. Deve-se gerir estratégias, processos, carreiras e pessoas, e é função da área de Treinamento e Desenvolvimento assumir-se como agente da mudança, disseminar conhecimento e ações para cada um desses modelos e processos. O grande valor dessa área é o desenvolvimento das competências, do negócio, da organização e dos indivíduos.

2.5 O QUE SÃO COMPETÊNCIAS?

Estabelecer uma definição de competência não é algo simples. Há inúmeras interpretações possíveis, muitas vezes vindas de origens culturais diferentes.

A noção mais utilizada no Brasil é a de Scott B. Parry, que entende a competência como "um conjunto de conhecimentos, habilidades e atitudes correlacionados, que afetam a maior parte de uma tarefa, papel ou responsabilidade que se reporta ao desempenho da função assumida" (DUTRA; HIPÓLITO; SILVA, 2000, p. 163).

Durante os anos 1980 e 1990, muitos autores contestaram essa definição, associando-a às realizações das pessoas e considerando aquilo que elas proveem, produzem ou entregam. Esta linha é defendida por outros autores, em sua maioria europeus, e estaria relacionada ao ambiente organizacional e ao resultado. Para Le Boterf (1995), uma competência é um saber agir de forma eficaz e sustentável, em uma prática profissional relevante que combina recursos e a capacidade de usá-los adequadamente.

Atualmente, muitos autores e estudiosos procuram pensar a competência como a somatória dessas duas linhas, ou seja, como as características da pessoa e seu nível de desenvolvimento aliados aos resultados que ela obtém na realização das atividades.

De acordo com Fleury e Fleury (2001), competência é um saber agir responsável e reconhecido, que implica mobilizar, integrar, transferir conhecimentos, recursos e habilidades que agreguem valor econômico à organização e valor social ao indivíduo.

Existem alguns indicadores organizacionais que dão suporte ao desenvolvimento e à implantação eficaz da ferramenta de gestão por competências. Segundo Gramigna (2007), deve-se considerar:

» **o negócio**, que serve como base para orientar o comportamento dos colaboradores da empresa;
» **a missão institucional**, que tem por objetivo definir a razão de existir do negócio, indicando o caminho a ser seguido para o alcance dos objetivos;
» **a visão de futuro**, que define como a organização quer ser vista pelos seus consumidores, fornecedores, parceiros e colaboradores, norteando ações para a busca de resultados e compartilhando-os com toda a organização;
» **os valores e as crenças**, que são as normas e os princípios aceitos pelo grupo e que conduzem o comportamento das pessoas, contribuindo para a formação da cultura organizacional.

A gestão por competência está, portanto, atrelada ao desenvolvimento das pessoas, das equipes e do negócio, e configura-se como uma das consequências de um programa de treinamento, que deve apoiar-se em metas e valores condizentes com a realidade organizacional, unindo os processos e garantindo a gestão dos conhecimentos e das pessoas.

QUESTÕES PARA FIXAÇÃO DO CONTEÚDO

Reflita sobre o conteúdo apresentado neste capítulo e responda às seguintes questões:

1. Como as mudanças impactam a gestão de pessoas?
2. Como contemplar o desenvolvimento das pessoas e do negócio em um programa de treinamento?

REFERÊNCIAS BIBLIOGRÁFICAS

DUTRA, J. S.; HIPÓLITO, J. A. M.; SILVA, C. M. Gestão de pessoas por competências: o caso de uma empresa do setor de telecomunicações. **Revista de Administração Contemporânea**, v. 4, n. 1, p. 161-176, abr. 2000. Disponível em: <http://dx.doi.org/10.1590/S1415-65552000000100009>. Acesso em: 2 nov. 2016.

FLEURY, M. T. L.; FLEURY, A. Construindo o conceito de competência. **Revista de Administração Contemporânea**, v. 5, n. spe., p. 183-196, 2001. Disponível em: <http://dx.doi.org/10.1590/S1415-65552001000500010>. Acesso em: 30 out. 2016.

GRAMIGNA, M. R. **Modelo de competências e gestão dos talentos**. São Paulo: Pearson Prentice Hall, 2007.

GUIMARÃES, G. **Tempos de grandes mudanças**: reestruturando vidas e empresas. São Paulo: Editora Senac São Paulo, 2008.

IANNI, O. **A sociedade global**. 9. ed. Rio de Janeiro: Civilização Brasileira, 2001.

KOTTER, J. **Liderando mudanças**. Rio de Janeiro: Elsevier, 1999.

LE BOTERF, G. **De la competence**: essai sur un attracteur étrange. Paris: Les Éditions d'Organisation, 1995.

LEITE, M. P. **Trabalho e sociedade em transformação**: mudanças produtivas e atores sociais. São Paulo: Fundação Perseu Abramo, 2003.

MORGAN, G. **Imagens da organização**. São Paulo: Atlas, 1996.

SENGE, P. M. **A dança das mudanças**. Rio de Janeiro: Campus, 1999.

ULRICH, D. *et al.* **RH de dentro para fora**: seis competências para o futuro da área de recursos humanos. Porto Alegre: Bookman, 2013.

ULRICH, D.; SMALLWOOD, N.; SWEETMAN, K. **O código da liderança**: cinco regras para fazer a diferença. 2. ed. Rio de Janeiro: Best Seller, 2011.

WICK, C.; POLLOCK, R.; JEFFERSON, A. **6Ds**: as seis disciplinas que transformam educação em resultados para o negócio. São Paulo: Évora, 2011.

3. Levantamento de necessidades de treinamento (LNT)

Ana Maria Perera Del Pino*

As reflexões inseridas no início deste capítulo são inspiradas em muitos colaboradores que, ao finalizarem suas participações em algumas ações de treinamento, ainda que motivados temporariamente, seja pelo tema, seja pelo instrutor, ou ainda pela infraestrutura ou por outros itens relevantes, ao retornarem para suas atividades no trabalho acomodam cuidadosamente os materiais e o conteúdo nas gavetas de suas mesas e de sua memória, que lá ficam somente a ocupar um espaço significativo, mas sem qualquer possibilidade de aplicação prática.

Muitas possibilidades são pertinentes e podem explicar a falta de eficácia, ou seja, a incapacidade de alguns programas de treinamento de atingirem os resultados pretendidos.

Os exemplos citados a seguir são comumente identificados nas organizações:

» Distância entre o objetivo do treinamento e a estratégia da empresa, o que inviabiliza colocá-lo em prática.

» Falta de foco específico no treinamento, que pode gerar a falta de compreensão de seu conteúdo e de sua consequência para o trabalho.

» Aquisição de produtos de treinamento prontos de mercado, os quais, por abordarem os assuntos de modo mais genérico e abrangente, podem não ser aplicáveis ao contexto específico de cada organização.

* Graduada em administração de empresas, com pós-graduação e MBA pela Fundação Instituto de Administração (FIA). Possui Certificação Internacional em Coaching Integrado pelo Integrate Coaching Institute (ICI). Atua como coordenadora acadêmica e docente universitária para cursos em nível de graduação, especialização e extensão e como consultora especializada em gestão de negócios, desenvolvimento humano e orientação de carreira. Contato: amdelpino@hotmail.com.

- Uma cultura organizacional que não oferece um ambiente favorável para a implementação do que foi aprendido e tampouco favorece a mudança de comportamento esperada.
- Treinamentos que não se justificam, realizados apenas para cumprir metas de desenvolvimento de pessoas ou, simplesmente, cumprir um orçamento já previsto.
- Falta de compreensão acerca dos reais motivadores para a realização do treinamento e das razões pelas quais o aprendizado é relevante para a empresa e para o colaborador.

Dessa forma, as causas mais frequentes para a inconsistência, para equívocos ou falhas na escolha e na aplicação das ações ou dos programas de treinamento podem estar em diagnósticos imprecisos, planejamentos inconsistentes, implementações ineficientes ou avaliações realizadas de forma equivocada.

Os fatores expostos anteriormente estão justamente relacionados às quatro fases de um processo de treinamento, que são:

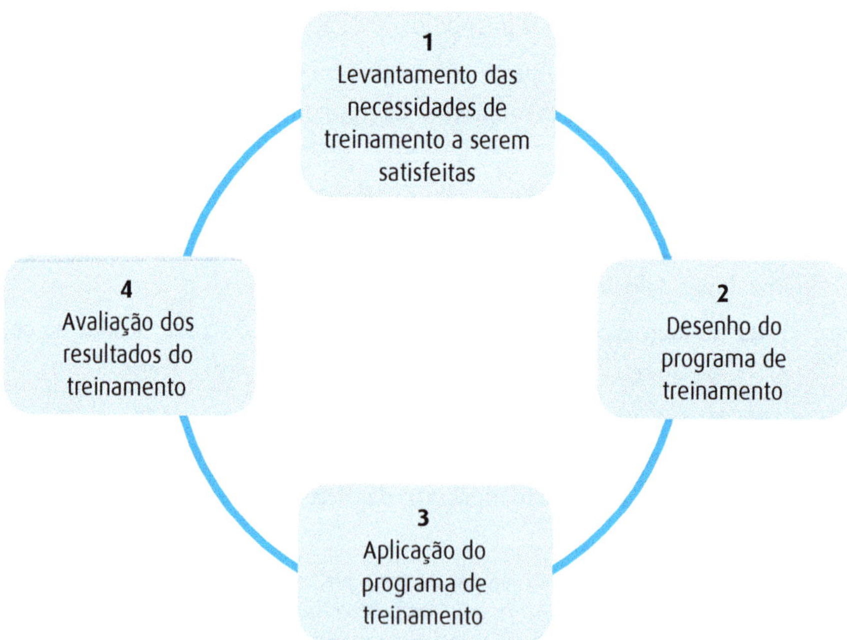

Figura 1. **As quatro etapas do processo de treinamento**

Fonte: Chiavenato (1999, p. 298).

1. **Diagnóstico**: levantamento das necessidades ou carências de treinamento a serem atendidas e satisfeitas. Essas necessidades podem ser passadas, presentes ou futuras.
2. **Desenho**: elaboração do projeto ou do programa de treinamento para atender às necessidades diagnosticadas.
3. **Implementação**: execução e condução do programa de treinamento.
4. **Avaliação**: verificação dos resultados obtidos com o treinamento. (CHIAVENATO, 2014, p. 315)

Por isso, fundamentar as ações de treinamento em processos de diagnóstico corretamente planejados e conduzidos torna possível aproximá-las dos objetivos organizacionais e, consequentemente, conferir um caráter estratégico às áreas responsáveis pela promoção do desenvolvimento humano em contextos organizacionais. Além disso, proporciona aos participantes a percepção de significado e relevância que sustenta o processo de aprendizagem de um adulto.

Conforme propõe Chiavenato (2014), não se deve confundir treinamento com uma simples forma de realizar cursos e proporcionar informação. Ele vai mais longe: significa atingir o nível de desempenho almejado pela organização por meio do desenvolvimento contínuo das pessoas que nela trabalham. Para tanto, é preciso criar e desenvolver uma cultura interna favorável ao aprendizado e comprometida com as mudanças.

3.1 IDENTIFICAÇÃO DAS NECESSIDADES DE TREINAMENTO

Esta é a primeira fase do processo, momento em que é possível reconhecer as necessidades de treinamento, a ausência ou deficiência de uma capacidade ou qualificação dos colaboradores. Segundo descreve Chiavenato (2014, p. 317), "necessidades de treinamento são carências de preparo profissional das pessoas, ou seja, a diferença entre o que uma pessoa deveria saber e fazer e aquilo que ela realmente sabe e faz".

O levantamento das necessidades de treinamento, também conhecido como LNT, é, portanto, uma sondagem, uma pesquisa ou verificação que visa direcionar as ferramentas educacionais de forma a melhorar a produtividade e a performance das pessoas ou corrigir e prevenir falhas operacionais.

Para Marras (2001), o LNT também inclui a investigação por meio da qual se observam as insuficiências relativas ao trabalho existentes entre o conjunto de conhecimentos, habilidades e atitudes do indivíduo e as exigências do perfil do cargo.

É comum haver um *gap*, isto é, uma lacuna entre a realidade atual da empresa e aquela em que ela de fato precisa estar em termos de competências que agregam valor ao negócio e contribuem para o alcance dos objetivos organizacionais. É nessa lacuna que se encontram as respostas para as seguintes questões: quais são as competências de que a empresa precisa e que seus profissionais ainda não têm? Quais são as competências de que a empresa precisa e que seus profissionais já possuem, mas carecem de desenvolvimento rumo à excelência? As respostas a essas questões, portanto, sinalizam as necessidades de treinamento dos funcionários.

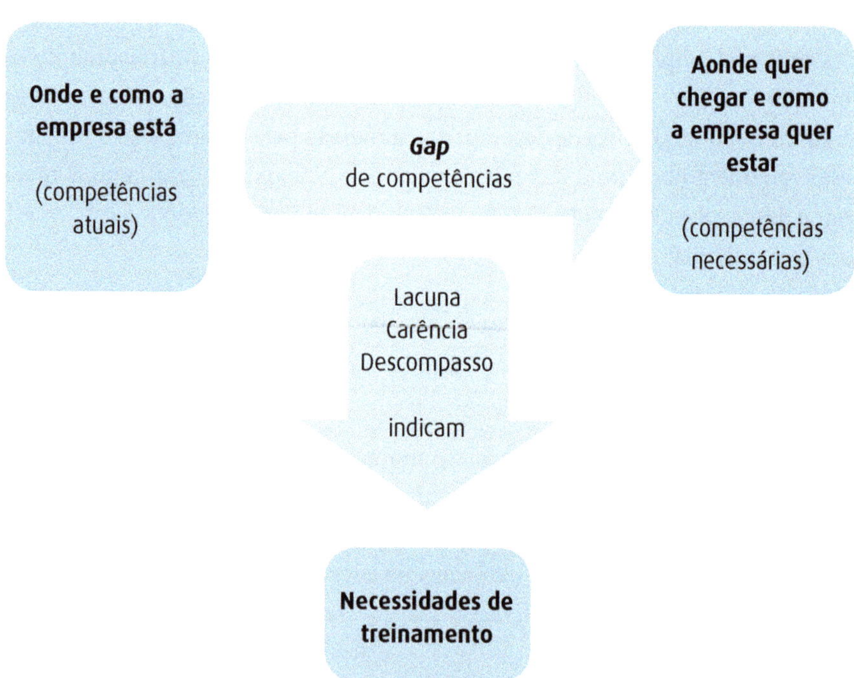

Figura 2. **Levantamento das necessidades de treinamento**

Fonte: elaborado pela autora com base em Chiavenato (1999, p. 299).

Em relação ao conceito apresentado sobre LNT, Chiavenato (2014) indica que uma necessidade de treinamento geralmente é diagnosticada por meio dos seguintes problemas ou situações atuais, isto é, que estão acontecendo no momento de sua identificação:

» Baixa produtividade da pessoa.
» Baixa qualidade do trabalho.
» Comunicações deficientes.
» Excesso de erros.
» Desperdício de tempo e de material.
» Elevado número de acidentes.
» Avarias frequentes nas máquinas ou nos equipamentos.
» Insatisfação dos clientes.
» Novas tecnologias e novos processos de trabalho.

É necessário entender, também, que as ações de treinamento não podem ser consideradas somente um "remédio" que irá resolver por completo os problemas ou as lacunas de aprendizado nas organizações. Evidentemente, os programas de treinamento deverão ser capazes de eliminar a falta ou a deficiência de um conhecimento ou de certas habilidades; porém, quando se fala na sustentabilidade e na sobrevivência das empresas, que experimentam uma realidade de mudanças e inovações sistemáticas provenientes de um mundo conectado a qualquer tempo, em qualquer lugar, é imprescindível que sejam agregadas ao saber fazer a atualização ou a aquisição de novas competências. "Não basta repor, é preciso agregar valor continuamente." (CHIAVENATO, 2014, p. 316)

É imprescindível ressaltar, portanto, que as ações de treinamento não devem ser consideradas para resolver problemas como a reestruturação dos planos de carreira ou a reorganização de aspectos estruturais das empresas, pois, conforme ressaltam Meneses, Zerbini e Abbad (2011), estas ações são recomendadas somente para o tratamento de problemas que exijam a remoção de lacunas ou o desenvolvimento de competência, ou seja, de conhecimentos, habilidades e atitudes (CHAs).

Dessa forma, antes de qualquer coisa, é necessária a realização de um diagnóstico profundo e detalhado do problema, o qual deve ser feito por meio de análises capazes de gerar informações quantitativas e qualitativas para o planejamento e para a avaliação educacional. Essas análises, ainda segundo Meneses, Zerbini e Abbad (2011, p. 30), são constituídas das seguintes etapas:

- **Análise organizacional**: responsável pelo alinhamento das ações de treinamento com a estratégia organizacional (missão, visão, objetivos, resultados, estratégias, valores organizacionais, cultura organizacional, etc.). Negligenciar essa etapa reduz as chances de que as ações de treinamento gerem impacto positivo no desempenho das organizações.
- **Análise de tarefas**: direcionada para o mapeamento dos conjuntos de CHAs necessários para que os indivíduos possam realizar adequadamente suas atividades. Tradicionalmente, essa análise identifica CHAs relacionados às atribuições e atividades individuais especializadas (capacidades específicas de determinado posto de trabalho). Atualmente, no intuito de que as ações de treinamento gerem efeitos também sobre o desempenho das unidades organizacionais (departamentos, áreas, coordenações, etc.), recomenda-se que a identificação dos CHAs focalize os processos de trabalho executados pela unidade selecionada.
- **Análise individual**: voltada para a identificação dos indivíduos, grupos ou equipes que mais necessitam de determinados conjuntos de CHAs, a fim de que possam aprimorar a execução de suas atividades no trabalho.

Chiavenato (1999), do mesmo modo, propõe campos de análise para a delimitação de um diagnóstico adequado, conforme representa a figura a seguir.

Análise organizacional	Diagnóstico organizacional. Determinação da missão e visão e dos objetivos estratégicos da organização
Análise das pessoas	Identificação das competências (CHAs) necessárias para o alcance dos objetivos organizacionais
Análise das funções	Exame dos requisitos exigidos para o exercício das funções e a realização das tarefas

Figura 3. **O processo de diagnóstico de treinamento**

Fonte: adaptado de Chiavenato (1999, p. 300).

Portanto, para o autor, programar (planejar) as ações de treinamento com base em um diagnóstico realizado adequadamente tem como objetivo responder às questões representadas no seguinte esquema:

Figura 4. **Programação de treinamento**
Fonte: Chiavenato (1999, p. 302).

3.2 MEIOS PARA O LEVANTAMENTO DAS NECESSIDADES DE TREINAMENTO

O quadro a seguir apresenta alguns procedimentos que geralmente são utilizados para realizar o levantamento das necessidades e a identificação de oportunidades de treinamento. Esses meios, individualmente, favorecem o diagnóstico, porém, quando combinados, tornam a análise ainda mais eficiente.

Quadro 1. **Meios para o LNT**

Mapeamento de competências	Para as empresas que adotam um modelo completo de gestão por competências, a identificação da diferença entre as necessidades atuais e as almejadas é a peça-chave para definir as necessidades de treinamento. Os métodos usados para o mapeamento podem, inclusive, coincidir com os tradicionalmente empregados em LNT (descritos a seguir).
Questionários	Os questionários podem ser aplicados tanto para os ocupantes de cada cargo quanto para seus superiores. Para o ocupante do cargo, pode-se perguntar, por exemplo: "Você tem apresentado dificuldades em exercer as tarefas? Quais?", "Como essas dificuldades poderiam ser solucionadas?", etc. Para os superiores, pode ser apresentado um questionário em forma de planilha, no qual eles devem listar os ocupantes de cada cargo sob sua responsabilidade e informar os conhecimentos, as habilidades e as atitudes que, a seu ver, poderiam ser melhorados, bem como sugerir cursos ou outras formas de treinamento e, ainda, indicar a prioridade de cada ação.
Entrevistas	Podem ter um formato semelhante ao dos questionários, mas, como se trata de um método mais demorado e custoso, geralmente elas só são aplicadas a pessoas-chave da organização.
Documentação do processo seletivo	As entrevistas e outras técnicas aplicadas durante a seleção geralmente revelam aspectos nos quais o perfil do funcionário recém-contratado ainda não coincide com o perfil do cargo, fornecendo, assim, subsídios úteis ao LNT.
Avaliações de desempenho	Os indicadores de desempenho são uma ótima maneira de levantar os pontos em que cada funcionário ainda pode melhorar.
Entrevistas de desligamento	São boas oportunidades para verificar problemas no cargo que a pessoa ocupava, ou no setor ao qual pertencia.
Pesquisa de clima organizacional (PCO)	A PCO é uma excelente ferramenta para o planejamento de recursos humanos, pois permite identificar, entre inúmeras outras coisas, as necessidades de treinamento.
Análise de cargos	A análise de cargos indica os conhecimentos e as habilidades que o funcionário deve ter para ocupar o cargo. Articulada com outras documentações, como o mapeamento de competências, sua utilidade para o LNT será grande.
Solicitação de supervisores e gerentes	O treinamento pode ser solicitado diretamente por um supervisor ou gerente; normalmente, porém, isso só ocorre quando a carência já se tornou grave, daí a importância de manter um programa preventivo de LNT.

Fonte: adaptado de Vizioli (2010, p. 150).

Além dos meios descritos anteriormente, durante o LNT é necessário considerar a existência de outros indicadores que sinalizam uma carência já instalada (indicadores retrospectivos) ou que poderá existir no futuro (indicadores prospectivos), de forma a demandar um treinamento. São eles:

Quadro 2. **Indicadores a serem observados durante o LNT**

Indicadores retrospectivos (sinalizam carências já instaladas)	**Indicadores prospectivos (antecipam carências futuras)**
• Alto índice de absenteísmo ou rotatividade. • Constantes problemas de relacionamento. • Queixas de clientes ou fornecedores. • Problemas de produção: baixa produtividade, produtos defeituosos. • Problemas nos processos: desperdícios, atrasos em relação ao cronograma, avarias nos equipamentos, alto índice de acidentes.	• A empresa planeja utilizar novas tecnologias, atingir novos mercados ou, ainda, mudar o foco de seu negócio. • A empresa planeja expandir seu quadro de pessoal (será necessário treinar os novos funcionários). • A empresa planeja reduzir seu quadro de pessoal (será necessário treinar os funcionários restantes para que assumam novas funções).

Fonte: Vizioli (2010, p. 151).

Para evitar que os resultados colhidos por meio da aplicação do LNT proporcionem um diagnóstico impreciso ou distante da real necessidade da empresa, recomenda-se considerar algumas estratégias, como as descritas a seguir:

» Informar as pessoas de que a demanda ou o diagnóstico terá um orçamento e, portanto, deverá ser validado.

» Levar para o LNT somente demandas que sejam frentes de treinamento.

» Construir indicadores de performance do treinamento e validá-los com os envolvidos.

» Formalizar a programação das ações de treinamento ou da demanda com as respectivas partes para validar o cronograma de implantação.

Reforçar que os programas de treinamento devem estar associados às necessidades estratégicas das organizações é, como já foi dito no início deste capítulo, um exercício de reflexão imprescindível. Chiavenato (2014) sinaliza a extrema importância de avaliar as necessidades das pessoas e das organizações, além de estabelecer critérios precisos para determinar o nível de desempenho desejado. "A organização precisa estar disposta a dar espaço e oferecer oportunidades para que as pessoas possam aplicar as novas competências e conhecimentos adquiridos no treinamento." (CHIAVENATO, 2014, p. 320)

3.3 MODELOS DE LEVANTAMENTO DAS NECESSIDADES DE TREINAMENTO

A seguir são apresentados alguns modelos de LNT organizados com base na ênfase dada a diferentes aspectos.

Modelo 1: Ênfase no cargo

- Itens mapeados:
  - Levantamento dos cargos e dos setores.
  - Mapeamento dos cargos-chave ou dos processos-chave que geram maior impacto para o negócio.
- Variáveis observadas:
  - Temos essas competências instaladas?
  - O que precisamos rever no processo seletivo?
  - Qual é a prioridade, considerando os recursos disponíveis?
  - Qual será o retorno acordado para os investimentos despendidos?

Modelo 2: Ênfase em sistemas de competências

- Itens mapeados:
  - Levantamento dos aspectos emocionais (prontidão, equilíbrio, maturidade necessária para o exercício da função, etc.) dos colaboradores.
  - Mapeamento dos impactos do treinamento para o negócio, bem como para o engajamento das pessoas.
- Variáveis observadas:
  - Nossos líderes estão preparados para contratar, treinar e desenvolver a equipe?

   - Os profissionais estão em posição adequada, de acordo com sua performance?
   - Todos conhecem as políticas e os procedimentos necessários para gerir o negócio?
   - O sistema de desempenho está sendo praticado por todos?
   - A grade de treinamento existente está sendo praticada?

Modelo 3: Ênfase em sistemas de avaliação

- Itens mapeados:
   - Análise do plano de desenvolvimento individual dos profissionais que estão nos cargos-chave da empresa.
   - Identificação dos profissionais que lideram a performance da empresa e de quais competências demonstram.
- Variáveis observadas:
   - Quais são os valores do investimento?
   - Qual é a prioridade de acordo com o negócio?
   - Há casos de recontratação? Nesses casos, verificar se os profissionais participaram de programas de treinamento.

Modelo 4: Ênfase na mudança

- Itens mapeados:
   - Mapeamento dos aspectos envolvidos na mudança.
   - Criação de um cronograma de implementação da mudança.
   - Análise da estrutura organizacional.
   - Levantamento das competências que necessitam ser aprimoradas.
   - Levantamento das competências novas que necessitam ser adquiridas.
- Variáveis observadas:
   - Quem tem as competências desejadas?
   - Que etapas serão implementadas e quando?

QUESTÕES PARA FIXAÇÃO DO CONTEÚDO

Responda às questões a seguir de acordo com os conceitos apresentados neste capítulo.

1. O treinamento tem como foco desenvolver os conhecimentos, as habilidades e as capacidades necessários para atender à estratégia organizacional e à competitividade da empresa no mercado. Quais são os principais fatores que podem gerar necessidades de treinamento? Descreva e explique.
2. A determinação dos CHAs (conhecimentos, habilidades e atitudes) é uma das etapas mais relevantes da análise de tarefas, pois direciona as competências que precisam ser desenvolvidas para cada atividade. A qual análise do processo de diagnóstico de treinamento essa etapa está relacionada? Justifique.

REFERÊNCIAS BIBLIOGRÁFICAS

CHIAVENATO, I. **Gestão de pessoas**: o novo papel dos recursos humanos nas organizações. Rio de Janeiro: Campus, 1999.

______. ______. 4. ed. Barueri: Manole, 2014.

MARRAS, J. P. **Administração de recursos humanos**: do operacional ao estratégico. 4. ed. São Paulo: Futura, 2001.

MENESES, P.; ZERBINI, T.; ABBAD, G. **Manual de treinamento organizacional** [recurso eletrônico]. Porto Alegre: Artmed, 2011.

VIZIOLI, M. **Administração de recursos humanos**. São Paulo: Pearson Education do Brasil, 2010.

4. Principais métodos e técnicas em treinamento

Maria Cristina Pinto Gattai*

Para Chiavenato (1999, p. 295), o treinamento pode ser definido como um "processo educacional de curto prazo aplicado de maneira sistemática e organizada, através do qual as pessoas aprendem conhecimentos, habilidades e atitudes em função de objetivos definidos".

Com o objetivo de suprir deficiências e estimular e desenvolver habilidades e potencialidades, as ações de treinamento, portanto, visam ao crescimento tanto do profissional, que melhor se qualifica para suas atribuições, como da organização, na medida em que garante a qualificação necessária de seus colaboradores ao mesmo tempo que prepara a organização para assimilar e superar desafios de curto prazo.

De acordo com Machiaverni (*apud* BOOG, 1980, p. 107), "*methodos* é uma palavra grega que significa 'caminho para chegar a um fim'. Técnica, no sentido restrito do termo, significa maneira, jeito ou habilidade especial para executar ou fazer algo".

Para que o processo educacional promovido pelas ações de treinamento seja efetivo, além de um diagnóstico adequado acerca das necessidades a serem atendidas, cabe ao profissional de T&D decidir sobre o método mais apropriado para desenvolver tal treinamento, considerando os estilos individuais do público-alvo no que se refere à apreensão e à retenção de informações.

* Graduada em psicologia pelo Instituto Unificado Paulista, mestre em comunicações pela Escola de Comunicações e Artes da USP e doutora em psicologia social e do trabalho pelo Instituto de Psicologia da USP. Atua como docente do Departamento de Psicologia da PUC-SP. Também é escritora e consultora de empresas. Contato: crisgattai@uol.com.br.

Os estilos pessoais influenciam o modo de ensinar, pois eles definem – via de regra – a forma de aprender. Como lembra Barros (2008, p. 19),

> Os estilos de aprendizagem, de acordo com Alonso e Gallego (2002), com base nos estudos de Keefe (1998), são traços cognitivos, afetivos e fisiológicos, que servem como indicadores relativamente estáveis de como os alunos percebem, interagem e respondem a seus ambientes de aprendizagem.

Esses estilos, portanto, sinalizam as preferências e tendências individualizadas de uma pessoa, as quais influenciam sua maneira de apreender um conteúdo.

Para David Kolb (1981 *apud* BARROS, 2008), com base na intersecção entre as variáveis que interferem na aprendizagem de uma pessoa (como personalidade, formação, carreira, capacidade adaptativa, etc.) e nas etapas a serem percorridas para que a aprendizagem ocorra (experiência concreta, observação reflexiva, conceitualização abstrata e experimentação ativa), é possível definir quatro estilos de aprendizagem, os quais são representados no quadro a seguir:

Quadro 1. **Perfis de aprendizagem**

Perfil acomodador	O ponto forte de sua aprendizagem está na execução, na experimentação.
Perfil divergente	O ponto forte de sua aprendizagem é a imaginação, pois possui facilidade de confrontar as situações a partir de múltiplas perspectivas.
Perfil assimilador	Sua aprendizagem costuma se basear na criação de modelos teóricos. O raciocínio indutivo é a sua ferramenta de trabalho.
Perfil convergente	O ponto forte de sua aprendizagem é a aplicação prática das ideias.

Fonte: adaptado de Barros (2008, p. 16).

A pessoa com perfil mais acomodador, por exemplo, destaca-se em situações nas quais precisa se adaptar. É mais pragmática, no sentido de que pode descartar uma teoria sobre o que precisa ser feito caso não concorde com os fatos. Já o indivíduo de perfil divergente, por ser mais imaginativo, consegue avaliar uma situação concreta sob diferentes perspectivas, contribuindo muito para a geração de ideias e de alternativas para a solução de um problema. Este indivíduo prefere aprender com o movimento; isto é, é mais propenso a experimentar, produzir o que foi aprendido. O indivíduo assimilador, por sua vez, gosta de criar modelos teóricos, sendo menos inclinado a lidar com pessoas do que com ideias e conceitos abstratos. É mais reflexivo e lógico; racionaliza o que foi aprendido e prefere considerar apenas aquilo que a razão pode explicar. Por fim, uma pessoa de perfil convergente costuma ser prática; busca transferir o conteúdo aprendido para sua realidade e se envolve em novas experiências; entra facilmente em campo e procura sempre a solução do problema.

É importante ressaltar que todas as pessoas possuem todos os estilos de aprendizagem; no entanto, um deles costuma ser o predominante. Para facilitar o processo de ensino-aprendizagem, portanto, as técnicas de treinamento devem privilegiar todos os estilos de aprendizagem possíveis.

Como lembra Macian (1987), todo treinamento é uma atividade educativa e, dessa forma, para elaborar um método deve-se buscar subsídios nas ciências da educação. Segundo o autor, "princípios universais de aprendizagem são válidos para situações de sala de aula convencional e para situações de treinamento, resguardados, é claro, os necessários ajustamentos ditados pelas condições de aprendizagem e finalidades do programa" (MACIAN, 1987, p. 63).

Dessa forma, não existem métodos ou técnicas considerados melhores ou piores universalmente, isto é, em qualquer circunstância, e sim os mais ou menos adequados em função dos objetivos específicos que se pretende atingir e dos estilos de aprendizagem do público-alvo em questão.

4.1 POSTURA DO INSTRUTOR E DO ALUNO NA DEFINIÇÃO DO MÉTODO

No que diz respeito à interação do instrutor com o aluno, as maneiras mais comuns de conduzir um treinamento envolvem:

a) desenvolver as sessões de treinamento mantendo o aluno sempre participante; ou
b) orientar o trabalho de forma a garantir maior receptividade do aluno às informações do facilitador, evitando questionamentos.

Se a decisão recair sobre a primeira alternativa, deverá ser escolhido um método ativo, que estimule a participação do aluno. Para isso, o facilitador pode escolher diferentes meios ou técnicas, tais como o trabalho em equipe, a dramatização, a experiência individual em laboratório, a leitura espontânea, os debates, os jogos, etc.

Se a decisão recair sobre a segunda alternativa, o método consistirá em fazer com que o aluno seja mais receptivo, diminuindo, portanto, sua participação. Várias técnicas atendem a esse objetivo, como as que estimulam o treinando a ouvir e responder perguntas, a leitura dirigida, o desenvolvimento de trabalhos dentro do esquema proposto pelo instrutor, etc.

O mais importante é definir uma postura diante da situação de treinamento (método) e procurar utilizar procedimentos (técnicas) coerentes com essa postura. Para tanto, impõe-se uma avaliação dos fatores que efetivamente determinam a escolha adequada dos métodos e das técnicas, quais sejam: os objetivos do treinamento, as características da população-alvo e as condições gerais de realização (tempo, material, recursos humanos e financeiros disponíveis, etc.).

Considerando esses fatores, o instrutor pode transmitir o conteúdo do treinamento de diversas formas, adotando, por exemplo, um viés:

» **Teórico**: o instrutor expõe determinado assunto para os participantes. O objetivo é transmitir ao público novos conhecimentos, portanto, o papel do instrutor é o de expositor, e o dos participantes, o de ouvintes.
» **Prático**: o instrutor ensina os participantes a realizarem uma operação, verificando se cada um deles a está realizando corretamente. A orientação é individual e direta. O papel do instrutor é o de demonstrador e supervisor operacional, e aos participantes cabe o papel de executores.
» **Dirigido/Participativo**: o instrutor orienta o grupo a alcançar uma solução e/ou conclusão para um problema apresentado por ele, formulando perguntas e deixando o grupo questionar as respostas na busca de uma solução aceita por todos. O objetivo do instrutor é levar os participantes, sob sua orientação direta, à solução e/ou conclusão por meio da troca de experiências e ideias. Aqui, portanto, o papel do instrutor é o de orientador dos grupos, e as pessoas que os compõem exercem o papel de participantes ativos.

Os métodos do processo de ensino-aprendizagem dizem respeito, portanto, aos papéis assumidos pelo instrutor e pelos treinandos (ativos ou passivos), os quais indicam a forma como o conteúdo será transmitido (teórico, prático ou participativo), definindo também a metodologia ou a técnica a ser adotada, por exemplo: exposição verbal com auxílio de slides; exercício individual; exercício em grupo; leitura dinâmica da apostila; análise de filme; discussão de caso, etc.

4.2 CLASSIFICAÇÕES DOS MÉTODOS DE TREINAMENTO

Apesar das definições dadas até aqui, podemos considerar que, entre os estudiosos, não há uma rigidez na classificação dos métodos de treinamento. Para Auren Uris (*apud* BÍSCARO, 1999), por exemplo, os métodos se classificam em prático, conceitual, simulado e comportamental, conforme especificado no quadro a seguir:

Quadro 2. **Métodos de treinamento segundo Auren Uris**

Método	Forma de aprender
Prático	Pela experiência; aprender fazendo.
Conceitual	Pela teoria.
Simulado	Pela imitação da realidade.
Comportamental	Pelo desenvolvimento psicológico e do espírito.

Fonte: Bíscaro (1999, p. 263).

4.2.1 O método prático (aprender fazendo)

Este pode ser considerado o mais antigo dos métodos, já que tem sido utilizado em diversas culturas desde séculos atrás. Por exemplo, como lembra Boog (1994, p. 214),

> [...] na Idade Média havia todo um ritual destinado à formação dos aprendizes de oficial, desde seu ingresso na oficina até atingir o posto de oficial. Para chegar à categoria de mestre, um oficial deveria percorrer muitas cidades, conhecer formas diferentes de produção e só voltar à sua cidade de origem quando se sentisse capaz de demonstrar perante sua agremiação de ofícios que poderia exercer a mestria.

São consideradas técnicas do método prático:

- **Atividade individual de internalização**: utilizada imediatamente após a sistematização de determinados conceitos ou procedimentos. Visa proporcionar ao treinando situações de aprendizagem que o levem a internalizar os conhecimentos construídos por meio de sua aplicação prática. São atividades curtas e controladas, que geralmente antecedem momentos de trabalho em grupo nos quais o conhecimento é exteriorizado e socializado. Alguns exemplos: cálculos matemáticos, exercícios contábeis, produção de pequenos textos e resolução de problemas simples.
- **Atividade em grupo com apresentação em plenária**: consiste em uma discussão ou na execução de uma tarefa realizada em pequenos grupos, buscando respostas para um problema proposto. As contribuições são apresentadas ao grande grupo (plenária) e, com a mediação do professor, contribuem para a sistematização de saberes. O docente realiza um acompanhamento próximo dos grupos para estimular a discussão, propor novas questões, incentivar a reflexão e a tomada de decisões.
- ***Brainstorm* ou "tempestade cerebral"**: técnica na qual os participantes de um grupo propõem ideias ou soluções para um problema de forma livre e sem censura. O mais importante é a quantidade de ideias ou de soluções produzidas. No treinamento, possibilita a troca de experiências e a construção de um novo conhecimento ao associar uma ideia com sua aplicação.
- **Estágio**: destina-se ao jovem profissional que necessita passar da teoria para a situação prática empresarial, mas também aos profissionais veteranos, principalmente quando há necessidade de adquirir novas tecnologias. Pode ser realizado na própria organização ou em outra, por meio do estabelecimento de parcerias com empresas clientes e fornecedoras, por exemplo.
- ***On the job***: significa aprender na própria posição funcional; ou seja, é o treinamento que ocorre enquanto o indivíduo trabalha. É muito utilizado em cargos operacionais.
- **Rodízio ou *job rotation***: técnica muito utilizada em programas de treinamento de estagiários ou de trainees na qual a pessoa permanece algum tempo passando por vários departamentos de uma mesma área ou pelas várias áreas de uma empresa, tendo por objetivo desenvolver uma visão sistêmica. É uma técnica eficiente na formação profissional, utilizada para formar profissionais polivalentes em vários níveis.

- **Visita técnica**: realizada nas dependências em que se desenvolvem as atividades de determinado fazer profissional, podendo ser na própria empresa ou em outra, com o objetivo de verificar o funcionamento da atividade em questão. É necessário prever e organizar sua realização. (Por exemplo, uma empresa que terceiriza a entrega de seus produtos aos clientes pode realizar uma visita técnica na central de distribuição da empresa de logística: esse conhecimento é importante para a criação de parcerias ou para identificar pontos de melhoria nos processos.)

4.2.2 O método conceitual (aprender pela teoria)

Este método consiste na aquisição de novos conhecimentos por meio da exposição de uma teoria. É considerado o principal método de educação para estimular o senso crítico do aluno. No entanto, como esse método focaliza mais o raciocínio lógico e não altera o comportamento, não garante a transferência da aprendizagem para a situação real.

São exemplos desse método as seguintes técnicas:

- **Debate**: um assunto ou tema é discutido por dois ou mais grupos que apresentam diferentes opiniões. Ao final do debate (normalmente com tempo estipulado), observa-se o predomínio de alguns pontos de vista, complementando e ampliando o tema discutido na forma de conclusões.
- **Estudo dirigido**: compreende a leitura de textos e a elaboração de esquemas de verificação, ou seja, de perguntas feitas pelo próprio aprendiz a partir das leituras indicadas, para verificar se o conteúdo foi compreendido.
- **Explanação oral (simples ou com apoio audiovisual)**: o facilitador emprega predominantemente a palavra oral para explicar conceitos. Aulas expositivas, conferências e palestras são alguns exemplos. O sucesso do emprego desta técnica depende quase exclusivamente da habilidade de comunicação do instrutor, que poderá enriquecer sua apresentação valendo-se de recursos que vão desde giz e quadro-negro até equipamentos mais sofisticados.
- **Explanação dos alunos**: semelhante ao método de explanação oral, no entanto, é o aluno quem realiza a apresentação aos demais membros do grupo, enfatizando suas reflexões sobre a temática estudada.
- **Mapa mental (*mind map*)**: são representações gráficas, construídas a partir da realidade de um grupo, que indicam relações entre palavras e conceitos,

podendo ser mais ou menos abrangentes. É um recurso utilizado para facilitar, ordenar e sequenciar os conteúdos a serem abordados, de modo a oferecer estímulos adequados à aprendizagem.

» **Material impresso**: o facilitador se utiliza de recursos impressos, como apostilas, livros e textos, para transmitir os conceitos aos alunos.

» **Painel**: evento em que um tema é discutido sob diferentes pontos de vista e perspectivas, no qual alguns especialistas destacam seus argumentos para os ouvintes, confrontando-os entre si.

» **Simpósio**: semelhante ao painel, mas trata-se de uma forma de preleção em que não está prevista a polêmica entre os especialistas, e sim o relato de diferentes experiências.

4.2.3 O método simulado (aprender pela imitação da realidade)

Este método caracteriza-se pela imitação da realidade, de forma que um conceito ou teoria seja vivenciado pelos alunos. É indicado para o desenvolvimento de habilidades verbais, manuais e de relacionamento interpessoal. Para Vargas (1996, p. 132), "a simulação é a representação de uma situação da vida real; geralmente, requer ações e reações apropriadas ou a demonstração de uma habilidade técnica".

As técnicas de simulação mais utilizadas são:

» **Apresentação e discussão de vídeos**: técnica baseada na utilização de trechos de filmes de grande circulação, curtas-metragens disponíveis na internet ou filmes produzidos especialmente para treinamentos. É fundamental que os filmes sejam utilizados após uma contextualização do assunto e que sejam designadas tarefas a serem desenvolvidas durante a projeção do filme, no sentido de orientar a atenção do aluno para a informação a ser trabalhada.

» **Dramatização**: consiste na atuação dos treinandos em representações dramatizadas ou teatralizadas, de forma que estes sejam previamente preparados por meio de *scripts*, com a finalidade de complementar, ilustrar ou fixar conceitos.

» **Estudos de caso**: são compostos por uma análise cuidadosa de casos reais ou fictícios que leve o aluno a identificar pontos de melhoria ou de vulnerabilidade e a propor sugestões de solução para a problemática apresentada. Os grupos de treinandos dispõem de algumas informações, às vezes diferentes das de outros participantes. Recomenda-se utilizar casos verídicos acompanhados do máximo de informações possível em relação ao caso e ao contexto externo (cenário real).

» **Experimentação**: técnica semelhante à simulação; a diferença é que o fazer profissional não é "imitado", mas reproduzido. É apresentado no ambiente de aprendizagem um conjunto de elementos análogos aos do ambiente de trabalho. A experimentação pode ser precedida de uma demonstração do docente. Exemplos: combate ao fogo (curso de brigada de incêndio); preparo de alimentos em uma cozinha experimental; procedimentos laboratoriais, procedimentos massoterapêuticos, etc.

» **Jogos e exercícios**: podem ser utilizados quando se pretende colocar em prática novos conceitos adquiridos ou exercitar determinadas habilidades.

» **Jogos de empresas**: exigem dos participantes a gestão de uma empresa fictícia estruturada com vários departamentos (como recursos humanos, finanças, marketing e vendas) devendo sobreviver a uma situação complexa que envolva, por exemplo, outros concorrentes e variáveis climáticas, econômicas, políticas, etc. Os participantes tomam decisões a cada jogada, as quais interferem diretamente nos resultados da empresa. Para Keys e Wolfe (1990, p. 309), os "jogos empresariais são utilizados para criar um ambiente simulado dentro do qual mudanças comportamentais e aprendizagem podem ocorrer e no qual o comportamento gerencial pode ser observado". Ao ser envolvido pelo jogo de empresa, o aluno entra em contato com um cenário organizacional permeado por regras explícitas e implícitas, relações de poder, tomadas de decisão arriscadas e, por vezes, conflitos interpessoais, principalmente quando o "jogador" é o grupo e não somente o indivíduo.

» **Projeto**: esta técnica costuma ser utilizada em programas de trainees ou de gestão. Após o término do programa, os participantes devem identificar uma demanda e desenvolver um projeto para atendê-la, no qual geralmente apresentam justificativa, objetivos, metodologia, procedimentos, cronograma, investimento e resultados esperados. Destina-se, portanto, à formação gerencial e exige reflexão, estudo, consulta, interpretação de cenários, bem como capacidade de projetar cenários futuros.

» ***Role-playing***: técnica semelhante às dramatizações, muito utilizada para o desenvolvimento de relações interpessoais por meio do revezamento de papéis.

4.2.4 O método comportamental (aprender pelo desenvolvimento psicológico ou do espírito)

Método que proporciona a alteração de comportamento do aluno em relação ao trabalho, atuando tanto na esfera racional quanto emocional do indivíduo. Entre as técnicas mais utilizadas estão:

- **Aconselhamento psicológico**: enquadra-se no gênero das psicoterapias breves e, dentre as formas de tratamento individual, é o método mais adequado à realidade da empresa. Tem se tornado uma prática comum nas organizações, principalmente quando se diagnostica que o indivíduo apresenta, por exemplo, problemas de adaptação ao grupo.
- **Autoanálise**: técnica que leva o aluno a refletir sobre seus comportamentos, crenças e valores. Como recurso facilitador da autoanálise, podem ser utilizados questionários de autoconhecimento ou a técnica do *feedback*.
- **Dinâmica de grupo ou vivência**: a partir de uma vivência a ser realizada individualmente ou em duplas, trios, pequenos grupos, ou mesmo com todo o grupo, esta técnica visa levar os participantes a se perceberem em ação, isto é, em interação com outras pessoas, com o objetivo de possibilitar a tomada de consciência sobre seus próprios comportamentos e atitudes e sobre como eles influenciam os demais componentes do grupo, facilitando o reconhecimento dos aspectos a serem aperfeiçoados.
- **Psicodrama**: método que trabalha as relações interpessoais e os valores (tanto individuais quanto do grupo), conduzindo os aprendizes a uma tomada de consciência social mais profunda em relação ao seu papel no grupo e a como ele influencia o comportamento dos demais. No psicodrama, os participantes podem representar situações por meio de um protagonista, que pode ser o indivíduo ou o próprio grupo, desempenhando o papel das pessoas que contribuem para a ocorrência de conflitos.
- ***Team building***: atividades geralmente feitas em formato *outdoor* (fora da empresa) para potencializar e desenvolver o conhecimento e a coesão entre membros de uma organização. Possibilitam que o indivíduo saia da rotina e vivencie atividades que irão intensificar a construção de um processo de trabalho articulado e integrado.

Conforme foi possível observar, vários são os métodos de treinamento que podem ser utilizados pelo instrutor. A escolha cuidadosa desses métodos deve se pautar não no que está na moda, mas na natureza pedagógica do treinamento, o qual deve ter foco nas condições que levam o aluno a aprender, considerando suas condições materiais, sociais e históricas enquanto sujeito ativo, autônomo, crítico e criativo; e ajustando-se aos diferentes estilos de aprendizagem, de forma a ofertar ferramentas e recursos variados para potencializar os processos de ensino e aprendizagem.

Não se trata, portanto, apenas de usar modernas tecnologias em sala de aula; ajustar o método de treinamento é muito mais do que isso: trata-se de praticar uma pedagogia que empodera o aluno, dando-lhe condições para lidar adequadamente com as informações, para poder combiná-las em seus projetos de vida influenciado pelo processo coletivo de construção do conhecimento e, ainda, para poder compartilhá-las com outras comunidades de aprendizagem.

QUESTÕES PARA FIXAÇÃO DO CONTEÚDO

Reflita sobre o conteúdo apresentado neste capítulo e responda às seguintes questões:

1. Você foi solicitado para desenvolver um programa de treinamento para uma empresa de operadores de *call center* cujos principais problemas são a grande quantidade de ligações perdidas; clientes insatisfeitos com o atendimento; operadores com dificuldade de ouvir empaticamente o cliente, de lidar com objeções e, via de regra, de separar o lado pessoal do profissional quando se trata de reclamações. A carga horária prevista para o programa é de 6 horas para duas turmas de 20 alunos cada. Que método (ou métodos) de treinamento seria(m) mais adequado(s) para essa situação? Definido o método, quais técnicas seriam mais apropriadas, na sua opinião?
2. Você foi solicitado para desenvolver o programa de novos talentos de uma organização, com o objetivo de proporcionar uma formação sólida a essas pessoas, para que possam ascender rapidamente a postos de relevância estratégica na empresa. Como se trata do primeiro programa de trainees da empresa, o projeto precisa ser bem delineado na questão metodológica e na escolha das técnicas mais apropriadas. O programa terá dois anos de duração e contará com quinze profissionais formados nas diversas áreas do conhecimento, como administradores, engenheiros, economistas e psicólogos, os quais já estão sendo devidamente selecionados e iniciarão as atividades de treinamento daqui a dois meses, na ocasião das contratações. Estima-se que, na parte da manhã da primeira segunda-feira do mês (data em que são realizadas as contratações), o grupo de trainees estará envolvido com a parte burocrática do departamento pessoal, mas, após o almoço, você deverá recepcioná-los e dar início ao programa de treinamento. Para ajudá-lo nessa tarefa, preencha a seguinte planilha:

Tema	Duração	Metodologia	Técnica

REFERÊNCIAS BIBLIOGRÁFICAS

BARROS, D. M. V. Teoria dos estilos de aprendizagem: convergências com as tecnologias digitais. **Revista SER**: Saber, Educação e Reflexão, Agudos/SP, v. 1, n. 2, jul.-dez. 2008. Disponível em: <https://repositorioaberto.uab.pt/bitstream/10400.2/2999/3/70-228-1-PB%202.pdf>. Acesso em: 16 dez. 2016.

BÍSCARO, A. W. Métodos e técnicas em T&D. In: BOOG, G. G. (Org.). **Manual de treinamento e desenvolvimento**. 3. ed. São Paulo: Makron Books, 1999.

BOOG, G. G. (Coord.). **Manual de treinamento e desenvolvimento**. São Paulo: McGraw-Hill do Brasil, 1980.

______. ______. 2. ed. São Paulo: Makron Books, 1994.

CHIAVENATO, I. **Gestão de pessoas**: o novo papel dos recursos humanos nas organizações. Rio de Janeiro: Campus, 1999.

KEYS, B.; WOLFE, J. The role of management games and simulations in education and research. **Journal of Management**, v. 16, n. 2, p. 307-336, 1990.

MACIAN, L. M. **Treinamento e desenvolvimento de recursos humanos**. São Paulo: EPU, 1987.

VARGAS, M. R. M. Treinamento e desenvolvimento: reflexões sobre seus métodos. **Revista de Administração**, v. 31, n. 2, p. 126-136, 1996.

5. Aplicação do treinamento

Dione Fagundes Nunes Gomes

Após o diagnóstico da necessidade de treinamento, de sua elaboração e da definição dos métodos a serem adotados, chegamos a uma terceira e importante etapa do ciclo de treinamento: a implementação e execução, a qual deverá estar fortemente envolvida com o cumprimento dos objetivos acordados, colocando em prática todo o planejamento elaborado com base nas demandas apontadas pelo LNT.

Figura 1. **Ciclo de treinamento**

Fonte: elaborado pela autora com base em Chiavenato (1999, p. 298).

Fazendo uma analogia com o processo industrial, a implementação e a execução poderiam ser consideradas a "linha de produção" do treinamento e desenvolvimento, e cabe ao recurso (pessoa) que está organizando se comprometer com essa etapa fundamental a fim de buscar excelência na execução dos programas, potencializando a aprendizagem e o resultado.

5.1 PRINCIPAIS CUIDADOS

Durante a realização do treinamento, a atenção do responsável por T&D deverá estar focada nos cuidados essenciais para garantir que este ocorra de forma satisfatória. Tal atuação pode ser beneficiada pela utilização de um *checklist*, o qual trará confiança e segurança, uma vez que auxilia a identificar previamente falhas que possam afetar o resultado do trabalho.

Marques (2016) destaca as vantagens da utilização de um *checklist*, conforme apresentado no quadro a seguir:

Quadro 1. **Benefícios do *checklist***

VANTAGENS	DESCRIÇÃO
Segurança	Permite a identificação e antecipação de possíveis falhas mentais, de forma que se pode tentar preveni-las ou resolvê-las de forma mais ágil.
Eficiência	Torna o responsável e a equipe de trabalho mais rápidos e eficientes.
Exatidão	Permite acompanhar a exatidão dos procedimentos.
Foco	Quando toda a equipe utiliza um *checklist*, fica mais fácil adotar um foco e distribuir as tarefas.

Fonte: adaptado de Marques (2016, s.p.).

Um primeiro aspecto que requer cuidados específicos durante o programa diz respeito ao ambiente do treinamento, embora este seja definido em uma etapa anterior à da execução, na fase do planejamento. O quadro a seguir apresenta três possibilidades de ambiente:

Quadro 2. **Ambientes de treinamento**

Treinamento em serviço	Realizado no ambiente real de trabalho da pessoa, com os colegas e os equipamentos que fazem parte de uma área ou de um setor da empresa. Os instrutores costumam ser o próprio gestor e os demais companheiros de trabalho que detêm maior experiência na realização das tarefas.
Treinamento em sala de aula	Pode ser realizado na própria empresa, geralmente em um espaço físico que não seja o local de trabalho, ou fora dela, quando é necessária uma aprendizagem mais conceitual, que envolva mudanças de atitudes, comportamentos e reflexões acerca de questões referentes ao trabalho e à empresa. Os instrutores podem ser chefes, colegas experientes, especialistas ou consultores.
Treinamento a distância	Não exige a presença física do treinando, pois são utilizados os recursos da teleinformática e da internet. Os meios básicos para o treinamento a distância têm sido a teleconferência, o CD-ROM, a intranet e a internet, podendo ser empregados de maneira autônoma pelo treinando ou com a ajuda de um instrutor a distância.

Fonte: adaptado de Marcondes (2007, p. 265-266).

A avaliação do ambiente em que irá ocorrer o treinamento ajuda a inserir no *checklist* alguns cuidados necessários. Por exemplo, se o treinamento for presencial e ocorrer fora do local de trabalho, é preciso verificar se os recursos audiovisuais (caso sejam utilizados) estão funcionando de forma adequada; se o serviço de *coffee break* está a postos; se houve alguma intercorrência (como trânsito intenso) que possa impactar o horário delimitado para o treinamento, entre outras questões, e fazer as devidas adequações.

No caso de um treinamento realizado em sala de aula, é importante optar pelo *layout* do espaço – isto é, o arranjo do interior da sala de treinamento e dos equipamentos – que seja mais adequado ao tema, ao programa e aos recursos definidos, respeitando os limites desse espaço. Esse arranjo pode ter vários desenhos, mas todos visam promover a funcionalidade do espaço para facilitar o processo de aprendizagem. Os aspectos auditivo e visual devem ser considerados nesse arranjo, bem como uma visão geral do ambiente por parte do instrutor.

No entanto, nem sempre o responsável pelo treinamento tem acesso ao local antes de sua realização. Ele pode, por exemplo, ter planejado a disposição das cadeiras em "U"; porém, o espaço possui cadeiras fixas no formato "espinha de peixe". Nesse caso, se houver uma atividade em grupo programada, alguns ajustes serão necessários.

Além do ambiente, outros fatores críticos devem ser observados e adequados no início e ao longo do treinamento, tendo em vista os riscos que podem representar na execução dos programas. Chiavenato (2006) menciona alguns deles:

- **Adequação do programa de treinamento às necessidades da organização**: o treinamento representa a possibilidade de solução de problemas e de *gaps* apontados na etapa de levantamento das necessidades, portanto, é importante realizar ajustes caso esses objetivos não estejam sendo alcançados.
- **Qualidade do material de treinamento apresentado**: o material deve subsidiar a execução do treinamento com eficiência e eficácia, facilitando a compreensão dos conteúdos tratados por parte dos treinandos e otimizando o tempo e a atuação do facilitador.
- **Cooperação dos gestores**: a ideia é promover esforços coletivos, de forma que todos estejam comprometidos com o resultado das ações de T&D. Nesse sentido, os gestores (diretos e indiretos) são peças fundamentais no sucesso do treinamento, pois são eles que incentivam a equipe antes do programa, apoiando sua participação e dando suporte, e reforçam sua importância depois, quando os profissionais retornam aos seus postos de trabalho.
- **Qualidade e preparo dos instrutores (facilitadores)**: quando há contratação externa desses profissionais (consultorias), é recomendável buscar referências de sua atuação em trabalhos anteriores. Se a opção for aproveitar os talentos internos para essa atuação, é vital estabelecer critérios apropriados de seleção, tendo em vista que o sucesso da execução estará diretamente relacionado com o comprometimento, com o gabarito e com o preparo desses profissionais. Algumas competências mostram-se fundamentais para essa função, tais como bom relacionamento interpessoal, motivação, raciocínio rápido, didática e boa oratória.
- **Qualidade dos aprendizes**: a homogeneidade em relação aos *gaps* e às necessidades apresentadas pelos treinandos deve ser, na medida do possível, observada – isso facilita a adequação da comunicação por parte do facilitador e a compreensão por parte dos treinandos. A forma e o conteúdo do programa, além dos objetivos do treinamento, também devem ser levados em conta na seleção dos participantes.

5.2 GERENCIAMENTO DAS AÇÕES DE T&D

Atualmente, os recursos virtuais são uma tendência amplamente utilizada no universo de T&D. Além de cursos *on-line* e dos conhecidos sistemas de EAD (educação a distância), há plataformas virtuais que permitem fazer a gestão das ações de T&D, oferecendo diversas funcionalidades: são os chamados Learning Management Systems (LMS) ou Sistemas de Gestão da Aprendizagem (SGA). Trata-se de *softwares* desenvolvidos com base em uma metodologia pedagógica para auxiliar a promoção do ensino e da aprendizagem virtual ou semipresencial.

O quadro a seguir apresenta algumas funcionalidades de um LMS.

Quadro 3. **Funcionalidades do LMS**

Funcionalidades gerais	Criação de listas de classe e listas de espera, bem como controle sobre os processos de registro.
	Upload e gerenciamento de documentos com o conteúdo curricular.
	Entrega de conteúdo do curso através de interfaces baseadas na web, permitindo, na maioria das vezes, a participação remota do instrutor ou do aluno.
	Criação e publicação de calendários de cursos.
	Possibilidade de interação entre os alunos por meio de mensagens instantâneas, e-mails e fóruns de discussão.
	Métodos de avaliação e testes.
Recursos adicionais usados em ambientes de treinamento corporativo (gestão do conhecimento)	Inscrição automática e lembretes para cursos obrigatórios.
	Opções especiais para acesso do gerente, como aprovação de materiais ou da participação dos profissionais.
	Integração com os sistemas de recursos humanos para identificar a elegibilidade a cargos, realizar o acompanhamento, estabelecer metas de desempenho e prioridades corporativas similares.
	Controle sobre o acesso e os agrupamentos de classes de acordo com um critério estabelecido, como a geografia, a participação em um projeto particular ou os níveis de habilitação de segurança.

Fonte: adaptado do site EADBOX (s.d.).

Há modalidades de LMS pagas e outras que são gratuitas. O Moodle, por exemplo, é um LMS de código aberto muito conhecido e utilizado atualmente por organizações acadêmicas e empresariais. Trata-se de um

> [...] Sistema Open Source de Gerenciamento de Cursos – Course Management System (CMS), também conhecido como Learning Management System (LMS) ou um Ambiente Virtual de Aprendizagem (AVA). Tornou-se muito popular entre os educadores de todo o mundo como uma ferramenta para criar sites de web dinâmicos para seus alunos. Para funcionar, ele precisa ser instalado em um servidor web, em um de seus próprios computadores ou numa empresa de hospedagem. (MOODLE NA PRÁTICA, s.d.)

O Moodle disponibiliza ferramentas para promover e gerenciar ações voltadas para a aprendizagem, sob o formato de treinamentos *on-line*, fóruns e contatos para *blended learning* (ensino híbrido, semipresencial). Por meio dele também é possível avaliar a aprendizagem utilizando tarefas ou testes (MOODLE NA PRÁTICA, s.d.).

5.3 ATUAÇÃO EM MOMENTOS DE CRISE

A etapa de execução dos programas de T&D é considerada a mais determinante; porém, muitos são os fatores que podem afetar sua qualidade. Um acidente de trânsito que provoca atraso dos participantes, uma turma que se mostra desinteressada, conversas paralelas insistentes, falta de energia elétrica, um treinando que se sente mal (de saúde), a notícia súbita do falecimento de um colega de trabalho, etc. Esses são exemplos reais de acontecimentos inesperados que podem interferir na execução do treinamento.

O preparo adequado e o gabarito do instrutor/facilitador, além de um planejamento minucioso, que contemple vários cenários possíveis, acabam por neutralizar em boa medida os impactos prováveis de intercorrências não previstas. Entretanto, nem sempre é possível dar conta de tudo.

A avaliação racional da situação considerada um "momento de crise" pode ajudar a manter o equilíbrio e passar uma imagem de segurança e controle, o que mantém os treinandos focados no objeto do treinamento. Não se trata de negar a ocorrência, mas de lidar com ela de forma serena, sem alardes.

Também pode ser muito útil trocar experiências com facilitadores e/ou responsáveis por programas de T&D de outras organizações, avaliando criticamente o tratamento dado às situações e discutindo outras possíveis alternativas. Isso enriquece o repertório de "crises" conhecidas e amplia as possibilidades de gestão e encaminhamento de soluções mais adequadas.

QUESTÕES PARA FIXAÇÃO DO CONTEÚDO

Reflita sobre o conteúdo apresentado neste capítulo e responda às seguintes questões:

1. Dentre os cuidados necessários apontados na etapa de execução dos programas de T&D, qual, em sua opinião, apresenta-se como mais desafiador? Justifique.
2. Qual a pertinência do encaminhamento dado a um momento de crise que você presenciou ou soube da ocorrência? Descreva a situação, avalie criticamente a solução dada e apresente sugestões de outros encaminhamentos possíveis e/ou mais adequados.

REFERÊNCIAS BIBLIOGRÁFICAS

CHIAVENATO, I. **Gestão de pessoas**: o novo papel dos recursos humanos nas organizações. Rio de Janeiro: Campus, 1999.

______. **Recursos humanos**: o capital humano das organizações. 8. ed. São Paulo: Atlas, 2006.

EADBOX. Conheça o que é um LMS (Learning Management System) e seus benefícios. [s.d.]. Disponível em: <https://eadbox.com/o-que-e-lms/>. Acesso em: 1 abr. 2017.

MARCONDES, R. C. Desenvolvendo pessoas: do treinamento e desenvolvimento à universidade corporativa. In: HANASHIRO, D. M. M.; TEIXEIRA, M. L. M.; ZACARRELLI, L. M. (Org.). **Gestão do fator humano**: uma visão baseada em stakeholders. São Paulo: Saraiva, 2007.

MARQUES, J. R. Confira como deve ser um checklist de treinamento. 2016. Disponível em: <http://www.ibccoaching.com.br/portal/confira-como-deve-ser-um-checklist-de-treinamento/>. Acesso em: 30 mar. 2017.

MOODLE NA PRÁTICA. O que é Moodle? [s.d.]. Disponível em: <http://moodlenapratica.com.br/o-que-e-moodle.html>. Acesso em: 1 abr. 2017.

6. Novas tecnologias em treinamento

ANDRESSA DO ESPIRITO SANTO BORBA*

6.1 AS TECNOLOGIAS E A APRENDIZAGEM

A tecnologia tem modificado a maneira como a aprendizagem acontece dentro das organizações, proporcionando, entre outros recursos, novas formas de realizar treinamentos.

Como definido por Kenski (2007, p. 24), a tecnologia, no caso, pode ser entendida como um "conjunto de conhecimentos e princípios científicos que se aplicam ao planejamento, à construção e à utilização de um equipamento em um determinado tipo de atividade".

As mudanças nos modelos de aprendizagem ocorridas em função dessas tecnologias que surgem não se atêm apenas à forma como um conteúdo é ensinado; elas se estendem também à forma como os alunos o aprendem, já que o aprendizado não acontece mais apenas em salas de aula tradicionais, mas também a distância, por meio de textos, vídeos, tutoriais, cursos virtuais, entre outros recursos. No entanto, vale destacar que:

> Deve-se evitar a redução da "educação a distância" à ideia de ensino por computadores e redes virtuais. Deve-se encarar o termo como algo mais abrangente, que engloba diversas maneiras de organizar as atividades de ensino e

* Licenciada em letras pela FMU com especialização em gestão de varejo pela ESPM e em gestão empresarial pela FGV/Eaesp. Atualmente é gerente de aprendizagem organizacional em uma empresa de varejo e professora universitária. Tem experiência na área de recursos humanos em empresas de prestação de serviços e de varejo, especialmente nas áreas de consultoria interna em RH e universidades corporativas. Contato: samys2006@gmail.com.

> aprendizagem, incluindo as diferentes formas de estimular e assistir o estudo independente, a autoinstrução. (MORAES, 2010, p. 17)

O processo de aprendizagem pode acontecer praticamente a qualquer momento e em qualquer lugar. Essa facilidade se deve em grande parte à crescente popularização dos aparelhos móveis, como *smartphones*, *notebooks* ou *tablets*, desde os mais simples até os mais potentes.

Além de facilitar o alcance, tornando o conteúdo mais "próximo" do aluno, a tecnologia também democratiza a aprendizagem, tornando o acesso à informação possível a mais pessoas. Nos Parâmetros Curriculares Nacionais estipulados pelo MEC, já é observado que

> As tecnologias da comunicação, além de serem veículos de informações, possibilitam novas formas de ordenação da experiência humana, com múltiplos reflexos, particularmente na cognição e na atuação humana sobre os meios e sobre si mesmo. A utilização de produtos do mercado da informação – revistas, jornais, livros, CD-ROM, programas de rádio e televisão, home-pages, sites, correio eletrônico – além de possibilitar novas formas de comunicação, gera novas formas de produzir o conhecimento. (BRASIL, 1998, p. 136)

Essa tendência vem mudando a forma como o conteúdo é consumido dentro da organização. No que diz respeito aos treinamentos, por exemplo, a expectativa dos que acessam constantemente esses recursos não é mais receber uma apostila longa e detalhada ou horas de formação expositiva em sala de aula; pelo contrário, a busca é por conteúdos cada vez mais rápidos, específicos para uma necessidade e que possam ser aplicados e/ou compreendidos de forma clara.

Isso vem estimulando as empresas a oferecerem os conteúdos de aprendizagem de formas diferentes, acessíveis em tempo real, com soluções educacionais que mesclem o físico e o digital, o conteúdo e a experimentação, e que permitam a troca e a coconstrução entre os participantes, possibilitando que a curva de aprendizagem seja mais rápida.

Para os colaboradores, esses novos formatos de aprendizagem impelem a ampliar competências, habilidades e atitudes de forma mais dinâmica, ao seu tempo e no formato que mais se adapte à sua forma de aprender.

O aprendizado estruturado e formal sem dúvida tem grande contribuição na formação dos colaboradores; por outro lado, o chamado microaprendizado ou "aprendizado em pílulas" vem se consolidando e agilizando o processo de aprendizagem corporativa, auxiliado pela tecnologia. O colaborador vai adquirindo o conhecimento necessário por meio de visitas a pequenos blocos de conteúdo; dessa forma, a aprendizagem pode ser fragmentada em conteúdos curtos, intensos e objetivos.

A tecnologia também tem permitido que os próprios colaboradores criem conteúdos e os submetam à aprovação dos responsáveis pelos treinamentos de suas empresas. Esses conteúdos, em geral, são apresentados no formato de vídeos, textos ou imagens e são produzidos livremente por um colaborador que deseja compartilhar com os demais seu conhecimento ou uma boa prática que realiza, em prol de uma evolução conjunta da equipe. Sendo o conteúdo aprovado como agregador e alinhado ao discurso da empresa, ele pode ser liberado para o acesso dos demais colaboradores, seja em um sistema específico de treinamento, seja em redes sociais corporativas, TVs internas, etc.

Assim, o conhecimento e sua propagação não estão mais restritos exclusivamente à área de treinamento: é possível romper as barreiras, permitindo a produção de conteúdos acessíveis a todos os colaboradores. Para as organizações, então, fica o desafio de disponibilizar o acesso aos conteúdos de aprendizado de forma compatível com os diversos meios móveis e em uma linguagem que impacte os diversos níveis de colaboradores.

6.2 AMBIENTES DE TREINAMENTO E APRENDIZADO VIRTUAL

Como vimos, o ambiente de treinamento organizacional é o local onde o colaborador é exposto a conteúdos e onde o aprendizado acontece, indo além do espaço físico ou virtual.

O aprendizado formal, que ocorre dentro de um espaço físico, necessita de um facilitador que prepare e conduza o conteúdo, tendo a presença do treinando como obrigatória. Nesse ambiente, o facilitador é essencial para aplicar as metodologias em sala e estabelecer a cadência com que cada conteúdo será apresentado aos colaboradores.

No espaço virtual, o aprendizado acontece a distância, por meio de ferramentas tecnológicas ou não. Tal aprendizado é mais informal e geralmente ocorre por vontade própria, mas por vezes também pode ocorrer de forma inconsciente – por exemplo, quando o treinando tem acesso ao conteúdo (impresso ou virtual) em momentos de observação ou na interação com os outros, sem a preocupação de uma comprovação formal e/ou avaliação do conhecimento adquirido.

Como afirmam Moreira, Pedrosa e Pontelo (2011, p. 17),

> O caráter previamente organizado de um ambiente de aprendizagem expressa uma intenção de promover oportunidades de aprendizagem. Pode ser uma estrutura mais diretiva, centrada no professor, e fundada na transmissão de conhecimentos, mas pode ser uma organização dinâmica, flexível, centrada no aluno e na construção de sua autonomia.

Esses ambientes de treinamento podem ser combinados para potencializar o aprendizado e as habilidades adquiridas pelos colaboradores.

6.2.1 *E-learning*

O aprendizado eletrônico, também conhecido como *e-learning*, pode ser resumido como aquele que acontece de forma não presencial, acessível por ferramentas eletrônicas como a internet, possibilitando o autoaprendizado. Borba, Malheiros e Zulatto (2007, p. 15) o descrevem como:

> Modalidade de educação que acontece primordialmente mediada por interações via internet e tecnologias associadas.
>
> Cursos e disciplinas cuja interação aconteça utilizando interfaces como salas de bate-papo, videoconferências, fóruns, etc. se encaixam nessa modalidade.

O Artigo 1º do Decreto 5.622, de 19 de dezembro de 2005, que regulamenta o Artigo 80 da Lei de Diretrizes e Bases da Educação Nacional, define a educação a distância como:

> [...] modalidade educacional na qual a mediação didático-pedagógica nos processos de ensino e aprendizagem ocorre com a utilização de meios e tecnologias de informação e comunicação, com estudantes e professores desenvolvendo atividades educativas em lugares ou tempos diversos. (BRASIL, 2005)

Há dois tipos de aprendizado eletrônico: no primeiro, a aprendizagem é totalmente realizada por meio da interação do colaborador com os sistemas de aprendizagem. No outro, há um instrutor mediando as aulas e atividades virtuais.

Como principais vantagens, podemos dizer que o modelo de *e-learning*:

- rompe as barreiras geográficas e temporais, uma vez que o conteúdo está acessível a qualquer momento e em qualquer lugar em que o colaborador possa se conectar;
- possibilita ao colaborador gerenciar seu tempo disponível, pois ele pode escolher o melhor momento para acessar cada curso e, se desejar, pode fazê-lo em partes, pausando-o e retomando-o nos momentos que lhe forem mais adequados;
- aumenta a autonomia do colaborador sobre seu desenvolvimento; e
- pode ser reproduzido para muitos colaboradores ao mesmo tempo, sem necessidade de replicação dos custos de desenvolvimento e aplicação dos conteúdos.

A evolução tecnológica e a difusão da internet, portanto, possibilitaram o acesso a ferramentas de aprendizagem virtual cada vez mais complexas, as quais podem ser conectadas a outras ferramentas de recursos humanos – como é o caso de algumas ferramentas que permitem a integração entre os dados de cursos realizados pelos colaboradores e as avaliações de desempenho recebidas por eles.

6.2.2 *Blended learning*

O aprendizado virtual também pode ser realizado como uma complementação do aprendizado presencial. Por exemplo, por meio dele pode-se conhecer conteúdos antes ou após aqueles veiculados em sala de aula, possibilitando que os encontros presenciais focalizem outros aspectos ou que sejam de maior experimentação, com troca de informações e oportunidade de interações físicas.

Este modelo que inclui encontros presenciais com conteúdos transmitidos a distância é o chamado *blended learning* ou *b-learning*. Esse tipo de aprendizado também torna a oferta de conhecimento acessível em diferentes dispositivos tecnológicos, como microcomputadores, *smartphones*, *tablets*, etc. Para equipes operacionais, normalmente a melhor forma para acessar conteúdos virtuais é pelo *smartphone*. Pela internet, é possível acessar conteúdos corporativos, estruturados ou não, como também uma infinidade de *e-books* gratuitos com temas organizacionais. Vale citar também os vídeos com entrevistas, palestras, aulas e demais conteúdos corporativos que podem ficar disponíveis a todos.

6.2.3 Aprendizagem colaborativa

No aprendizado por meio virtual, cria-se um ambiente de possibilidades em que todos podem aprender e ensinar ao mesmo tempo, expondo dúvidas, recebendo dicas sobre determinado conteúdo, acessando e inserindo informações complementares ao que está sendo visto – enfim, colaborando com a aprendizagem coletivamente. Considerando que a maioria das pessoas está conectada o tempo todo em redes de relacionamento, a troca de informações é algo natural, além de ser praticamente uma demanda para a educação corporativa, principalmente quando falamos sobre as novas gerações.

A aprendizagem colaborativa, promovida a partir do "saber social", representa uma mudança de cultura dentro das organizações, e a troca de conhecimento por meio de comunidades virtuais tem se tornado uma grande aliada da propagação do conhecimento.

6.3 TECNOLOGIAS EDUCACIONAIS

O uso de diversas tecnologias pode contribuir para o aprimoramento do ensino, na medida em que muitas vezes auxilia o entendimento do conteúdo, a realização de atividades e de pesquisas em tempo real, a busca por exemplos a partir de consultas a conteúdos virtuais, além de estimular o colaborador ao apresentar um aprendizado mais atrativo e próximo de sua realidade.

Alguns exemplos de tecnologias educacionais são os *softwares* educacionais, os dispositivos de interação com os usuários e os sistemas operacionais que apresentam conteúdos educacionais. Também é importante citar os métodos imersivos de aprendizagem, incluindo a gamificação ou o uso de jogos de aprendizado, com abordagens que incluem desafios e conquistas.

Ressalta-se que, apesar das diversas tecnologias disponíveis para facilitar a maneira de transmitir o conhecimento, elas não extinguem por completo o papel do facilitador. Assim, como apresentado por Ferreira (2017, p. 238), é importante lembrar que:

> A educação a distância na atualidade está, sim, preocupada com a qualidade dos seus cursos da mesma maneira que os cursos presenciais, mas também está preocupada em pesquisar diferentes metodologias de ensino que utilizam

as diversas tecnologias da informação e comunicação deste contexto. O professor que prepara uma aula a distância, quando bem planejada e executada, percebe que a sua elaboração é muito mais trabalhosa e que requer conhecimentos e competências como: informática, mediação pedagógica, interação, aprendizagem colaborativa, habilidades de tutoria, aprendizagem em rede, entre outros conhecimentos.

Portanto, não se deve esquecer do papel do facilitador, que deverá selecionar, preparar e adequar os conteúdos para o aprendizado, seja qual for o tipo de educação (formal, a distância, etc.).

6.3.1 Gamificação

Como lembram Vianna *et al.* (2013), os seres humanos são atraídos por jogos: analisando as civilizações através do tempo, podemos concluir que praticamente todas estiveram envolvidas em algum tipo de competição, que representava um elemento importante para a estruturação social da comunidade à qual pertenciam. Segundo Salen e Zimmerman (2012, p. 95), "um jogo é um sistema no qual os jogadores se envolvem em um conflito artificial, definido por regras, que implicam um resultado quantificável".

Nesse sentido, surgiu nos últimos anos o conceito de gamificação, a qual pode ser definida, segundo Burke (2011), como uma ampla tendência de empregar a mecânica de jogos para ambientes e situações não relacionados diretamente a jogos, como nas áreas de inovação, marketing, treinamentos, desempenho de funcionários, saúde e mudanças sociais. Vianna *et al.* (2013) afirmam que o termo foi apresentado inicialmente em 2002 por um programador britânico, Nick Pelling – como relatado em seu artigo *The (short) prehistory of "gamification"* –, e se popularizou após uma apresentação realizada pela designer de games Jane McGonigal. Esse conceito é apresentado também por Salen e Zimmerman (2012) e em outras obras de diversos autores. Segundo Vianna *et al.* (2013, p. 13), a gamificação corresponde ao "uso de mecanismos de jogos orientados ao objetivo de resolver problemas práticos ou de despertar engajamento entre um público específico".

Nas empresas, essa modalidade consiste em se apropriar dos mecanismos de engajamento utilizados nos jogos para que os colaboradores busquem a solução de problemas práticos do dia a dia organizacional. Apesar de a prática muitas vezes ser divertida e lúdica, seu objetivo está longe de ser o entretenimento, uma vez que a ideia é despertar o engajamento de determinado público para um assunto específico. Portanto, por meio de recursos e atividades, e contando com a mediação de um facilitador, é possível simular e compreender o comportamento dos colaboradores em situações semelhantes às que vivem durante suas atividades diárias, bem como desenvolver habilidades e torná-los conscientes sobre um modo de agir.

O conceito de gamificação, quando aplicado em ambientes de aprendizagem virtual, reforça o processo de aprendizagem. Conforme Lee e Hammer (2011, p. 2), "não se pretende ensinar com jogos ou através de jogos, mas usar elementos de jogos como forma de promover a motivação e o envolvimento dos alunos".

Portanto, é importante que o conteúdo de treinamento seja apresentado de forma relevante e atraente, a fim de despertar o envolvimento das pessoas, possibilitando a vivência e não apenas a comunicação de um conceito, pois a assimilação exige prática além da teoria. O ideal é que os ambientes digitais sejam interativos, remetam a uma história que inclua o colaborador e o estimule a navegar neste ambiente virtual, descobrindo e avançando as etapas que necessita percorrer, envolvendo-se com o contexto do desafio apresentado, podendo comparar seus resultados com os dos demais participantes, acompanhar sua performance, etc. Ou seja, dessa forma o colaborador estará aplicando a mecânica de jogos, transitando entre o lúdico e o real, de forma que conteúdos e conhecimentos sejam construídos em conjunto. Como explicam Vianna *et al.* (2013, p.17):

> Em linhas gerais, a aplicação da gamificação aponta para circunstâncias que envolvam criação ou adaptação da experiência do usuário a determinado produto, serviço ou processo; intenção de despertar emoções positivas, explorar aptidões pessoais ou atrelar recompensas virtuais ou físicas ao cumprimento de tarefas. À exceção dos chamados Jogos Sérios e, de acordo com sua definição mais aclamada, submeter-se a um processo de gamificação não significa necessariamente participar de um jogo, mas sim apoderar-se de seus aspectos mais eficientes (estética, mecânicas e dinâmicas) para emular os benefícios que costumam ser alcançados com eles.

Em resumo, a gamificação é uma solução de aprendizado virtual baseada em jogos que permite aproximar o colaborador de certos conteúdos a partir de experiências engajadoras. O colaborador torna-se protagonista de seu desenvolvimento, com a oportunidade de praticar virtualmente o que precisará realizar em suas atividades profissionais.

6.3.2 *Storytelling*

A educação corporativa também tem utilizado o ato de contar histórias – algo inerente ao ser humano, que, há muito tempo, utiliza-se desse recurso para transmitir conhecimento de geração em geração – para gerar aprendizagem nas organizações, disseminando, por meio dessas histórias, a cultura corporativa, introduzindo novos conceitos, consolidando outros, apoiando mudanças, etc.

O *storytelling* consiste em contar histórias a partir de imagens, áudios e desenhos, de forma a transformar fatos em narrativas atrativas e emocionantes que possam gerar uma identificação entre os colaboradores e as histórias. Os conteúdos devem ser relevantes e de fácil compartilhamento, capazes de despertar gatilhos mentais (emocionais) que influenciem e engajem o ouvinte em direção a algum tipo de mudança, ação ou decisão. Quem conta a história precisa ter credibilidade perante os ouvintes, pois, como afirma Savvidou (2010), sempre que se conta uma história, tem-se uma resposta.

Por meio das histórias, é possível transmitir um conhecimento, compartilhar dificuldades enfrentadas e ações realizadas, em uma relação de troca, de confiança, fazendo com que o aprendizado aconteça sem os papéis específicos de professor ou aluno. Hack, Ramos e Santos (2013, p. 20-21) ressaltam que:

> Em toda corporação, podem-se ouvir histórias que permeiam sua existência e solidificam comportamentos específicos de seus colaboradores. Em nossa interpretação, tais histórias podem ser contadas no formato digital e utilizadas favoravelmente em contextos de formação corporativa para: a) comunicar a missão, os objetivos e as políticas corporativas; b) mobilizar e fomentar o espírito de equipe; c) envolver as pessoas em determinadas ações estratégicas; d) proporcionar a estruturação e divulgação da memória corporativa; e) fortalecer valores e traços característicos da corporação; e f) outras possibilidades que o próprio leitor poderá enumerar.

A partir do *storytelling*, portanto, existe a oportunidade de potencializar os efeitos dos conteúdos trabalhados em ambientes virtuais ou presenciais, pois é possível não só abordar a cultura e os valores da organização, como também fixar ou reciclar o conhecimento sobre alguma temática específica, seja ela técnica, seja comportamental.

Hack, Ramos e Santos (2013) constatam ainda que, a partir do *storytelling* digital, é possível promover interações múltiplas no processo de construção do conhecimento em ambientes corporativos – por exemplo, em certas propostas de formação nas quais uma das atividades é solicitar que os participantes partilhem suas histórias, fazendo com que haja colaboração mútua entre formadores e formandos por meio de curtos relatos digitais.

6.4 QUE TECNOLOGIAS ADOTAR?

Como vimos no capítulo sobre métodos e técnicas de treinamento, é importante que o responsável de T&D não alimente preconceitos, fazendo uma escolha objetiva de acordo com critérios prioritários e gerais. Os principais critérios que devem basear a escolha são:

- **Os objetivos instrucionais**: o responsável deve se perguntar: "O que pretendo com este treinamento?", ou "Que mudanças quero que aconteçam ao final do treinamento?", e "Que nível de profundidade quero atingir com o treinamento?".
- **O público que se necessita atingir**: o responsável deve avaliar aspectos relativos aos participantes, como nível de escolaridade, hierarquia na empresa, níveis funcionais, homogeneidade entre os participantes, cultura organizacional, tempo de empresa, expectativa dos treinandos e experiências anteriores em treinamentos.

Esses critérios devem ser avaliados tendo em vista os objetivos da empresa, a disponibilidade de tempo dos colaboradores e departamentos, os recursos materiais necessários, a disponibilidade orçamentária e de pessoal, etc.

No que diz respeito à escolha de tecnologias educacionais e de modalidades virtuais de aprendizado, Palloff e Pratt (2015, p. 70) destacam:

> [...] a seleção da tecnologia de aprendizagem a distância deve envolver a avaliação do conteúdo do curso, dos objetivos de aprendizagem e das necessidades de interação. Nenhuma tecnologia é ideal para se atingir todos os objetivos de aprendizagem, e em contrapartida, os docentes raramente terão a liberdade de integrar todas as tecnologias em um curso.

A escolha dependerá das respostas aos itens elencados, não havendo um melhor método ou uma melhor tecnologia, nem a melhor combinação entre eles que possa ser aplicada para todos os casos. Cada treinamento exigirá uma ação diferente; portanto, analisar e estudar o ambiente, o público e suas necessidades é a melhor estratégia para eleger uma boa solução de aprendizagem.

QUESTÕES PARA FIXAÇÃO DO CONTEÚDO

Reflita sobre o conteúdo apresentado neste capítulo e responda às seguintes questões:

1. Descreva quais oportunidades de aprimoramento do ensino-aprendizagem são aplicáveis em sua empresa a partir das tecnologias e metodologias apresentadas neste capítulo.
2. Pesquise os principais mecanismos de gamificação e indique quais conteúdos podem ser trabalhados em sua empresa utilizando essa metodologia.

REFERÊNCIAS BIBLIOGRÁFICAS

BORBA, M. C.; MALHEIROS, A. P. S.; ZULATTO, R. B. A. **Educação a distância online**. Belo Horizonte: Autêntica, 2007.

BRASIL. Decreto nº 5.622, de 19 de dezembro de 2005. Regulamenta o art. 80 da Lei nº 9.394, de 20 de dezembro de 1996, que estabelece as diretrizes e bases da educação nacional. **Diário Oficial da União**, Brasília, DF, n. 243, Seção 1, p. 1, dez. 2005.

______. **Parâmetros Curriculares Nacionais**: introdução aos Parâmetros Curriculares Nacionais. Brasília: MEC/Secretaria de Educação Fundamental, 1998.

BURKE, B. Gartner says by 2015, more than 50 percent of organizations that manage innovation processes will gamify those processes. **Gartner Group**, 12 abr. 2011. Disponível em: <https://www.gartner.com/newsroom/id/1629214>. Acesso em: 14 jun. 2017.

FERREIRA, L. J. As tecnologias da informação e comunicação como recursos a favor da educação. In: MASCHIO, E. C. F.; SOARES, E. M. S. (Org.). **Cultura escolar, tecnologias e práticas**: perspectivas históricas e contemporâneas. Curitiba: Appris, 2017.

HACK, J. R.; RAMOS, F.; SANTOS, A. Digital storytelling e formação corporativa: possibilidades para a aprendizagem de adultos. **Comunicação e Educação (USP)**, v. 18, p. 15-23, 2013.

KENSKI, V. M. **Educação e tecnologias**: o novo ritmo da informação. 8. ed. Campinas: Papirus, 2007.

LEE, J. J.; HAMMER, J. Gamification in education: what, how, why bother? **Academic Exchange Quarterly**, v. 15, n. 2, p. 1-5, 2011.

MORAES, R. C. **Educação a distância e ensino superior**: introdução didática a um tema polêmico. São Paulo: Editora Senac São Paulo, 2010.

MOREIRA, A. F.; PEDROSA, J. G.; PONTELO, I. O conceito de atividade e suas possibilidades na interpretação de práticas educativas. **Ensaio - Pesquisa e Educação em Ciência**, Belo Horizonte, v. 13, n. 3, p. 13-29, set.-dez., 2011.

PALLOFF, R. M.; PRATT, K. **Lições da sala de aula virtual**: as realidades do ensino on-line. 2. ed. Porto Alegre: Penso, 2015.

SALEN, K.; ZIMMERMAN, E. **Regras do jogo**: fundamentos do design de jogos. v. 1. São Paulo: Blucher, 2012.

SAVVIDOU, C. Storytelling as dialogue: how teachers construct professional knowledge. **Journal Teachers and Teaching - Theory and Practice**, v. 16, n. 6, 2010.

VIANNA, Y. *et al.* **Gamification, Inc.**: como reinventar empresas a partir de jogos. Rio de Janeiro: MJV Press, 2013.

7. Avaliação de resultados em programas de T&D

André Bruttin*

Como vimos nos capítulos anteriores, a área de Treinamento e Desenvolvimento de pessoas dentro das empresas passou por uma série de modificações nos últimos anos, deixando de ser bastante operacional, restrita em termos de atuação, para se tornar uma área mais abrangente e valorizada, adquirindo um papel estratégico.

Esse crescimento acarretou também o aumento da complexidade dos programas, assim como dos investimentos feitos: hoje em dia, são raras as empresas que não destinam parte importante de seus orçamentos anuais a programas de T&D.

Com o aumento da complexidade da área e a consequente ampliação de sua relevância estratégica, surgiu a necessidade de que o processo de avaliação dos recursos investidos em T&D também evoluísse. Diversos estudiosos, então, passaram a se dedicar a tal temática.

Neste capítulo vamos destacar os seguintes autores e suas respectivas propostas: Kirkpatrick (1996) e o modelo de quatro níveis de avaliação; Phillips (2003) e o modelo de ROI (Return on Investment, ou Retorno sobre o Investimento) em treinamento e desenvolvimento; e, por fim, Borges-Andrade (1982) e o modelo MAIS (Modelo de Avaliação Integrado e Somativo). Além disso, vamos contextualizar a importância de criar indicadores de avaliação de resultados na área de gestão de pessoas, a partir do modelo proposto por Ulrich, Becker e Huselid (2001).

* Graduado em psicologia pela PUC-SP, mestre e doutor em psicologia social pela mesma instituição. Atua como coordenador e docente do Núcleo de Psicologia Organizacional da PUC-SP. Desde 2001 é sócio da Reciprhocal, consultoria especializada em gestão estratégica de pessoas e desenvolvimento organizacional. Contato: andre.bruttin@reciprhocal.com.br.

7.1 T&D COMO PARTE DO ATIVO ESTRATÉGICO

Para entender o processo de avaliação de programas de T&D, é necessário relembrar, antes de qualquer coisa, o papel que tais programas exercem, considerando a área de gestão de pessoas como um todo.

Os programas de T&D não possuem um fim em si mesmo, isto é, eles estão a serviço de um processo mais amplo, que é o desempenho humano esperado dentro da organização. Ulrich, Becker e Huselid (2001) nos ajudam a compreender como a área responsável pela gestão desses programas pode contribuir para atingir as expectativas da organização e principalmente como as ações feitas nesse sentido devem ser mensuradas.

Para esses autores, todas as ações de RH estão subordinadas à estratégia de negócios da organização, e é a partir do entendimento dessas estratégias que a área vai delineando seus objetivos e conseguindo arquitetar seus subsistemas de forma integrada, agregando valor ao negócio. Os programas de T&D se inserem nesse momento, ou seja, eles seriam ações de RH desenhadas para suprir lacunas de desempenho dentro da organização, contribuindo, consequentemente, para melhores resultados organizacionais, ao mesmo tempo que contribuem para o desenvolvimento dos trabalhadores.

O chamado Modelo de Ulrich, ilustrado na figura 1, representa essa visão, indicando o passo a passo para que a arquitetura de RH seja transformada em ativo estratégico para a empresa.

O Modelo de Ulrich não é um modelo específico de avaliação de resultados, mas ajuda a contextualizar a área de T&D e lembrar que, ao avaliar tais programas, deve-se ter em vista os resultados estratégicos buscados pela organização.

Como vimos até o momento, a área de T&D tem um potencial enorme de atuação estratégica, além de poder contribuir de maneira decisiva para o processo de qualificação do trabalhador. Infelizmente, essa também é uma área em que surgem muitos programas embalados por modismos, os quais pouco contribuem para o desenvolvimento do trabalhador, tampouco para os resultados organizacionais. Desenvolver o *know-how* para fazer a avaliação desses programas, portanto, é um passo fundamental para fugir daqueles oferecidos como uma panaceia, que podem resolver todos os problemas dentro da organização, quando de fato não só não resolvem as questões almejadas como também as ampliam a custos significativos.

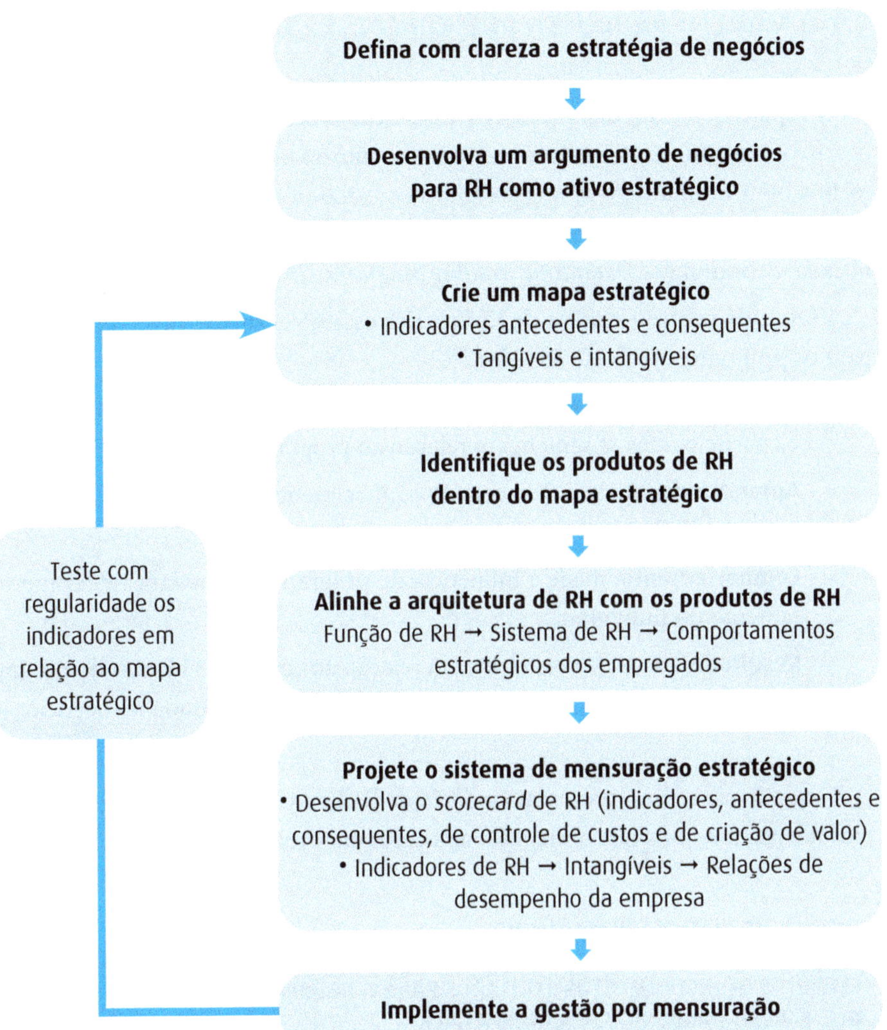

Figura 1. **Modelo de Ulrich**
Fonte: adaptado de Ulrich, Becker e Huselid (2001, p. 55).

Vejamos a seguir alguns dos modelos mais aceitos no mundo acadêmico e executivo para a avaliação de programas de treinamento e desenvolvimento de pessoas nas organizações.

7.2 O MODELO PROPOSTO POR KIRKPATRICK

Kirkpatrick foi um dos primeiros a publicar sobre avaliação de treinamento e desenvolvimento e certamente é hoje um dos autores mais reconhecidos no assunto. Sua obra *Evaluating training programs* consolidou o modelo dos quatro níveis proposto pelo autor, o qual foi revisto em 1996, quando uma nova edição foi publicada, denominada *Evaluating training programs: The four levels.*

Resumidamente, o modelo de Kirkpatrick estabelece quatro níveis de avaliação para os programas de T&D. São eles:

» **Reação**: mede a satisfação dos indivíduos com o treinamento, a forma como os participantes se sentem em relação ao programa e à sua experiência.

» **Aprendizado**: mede a melhoria do conhecimento ou o desenvolvimento de novas habilidades.

» **Comportamento**: mede a influência do programa na mudança de comportamento do indivíduo.

» **Resultado**: mede os resultados em relação aos objetivos iniciais do programa. Busca mensurar, também, o efeito prático do programa no negócio.

O quadro a seguir representa o modelo de Kirkpatrick, incluindo alguns exemplos de instrumentos que podem ser aplicados em cada nível.

Quadro 1. **Modelo de Kirkpatrick**

EXEMPLOS DE INSTRUMENTOS UTILIZADOS PARA A AFERIÇÃO EM CADA UM DOS 4 NÍVEIS PROPOSTOS POR KIRKPATRICK		
Nível	**Foco**	**Instrumentos**
I	Avaliação de reação	• Questionários de avaliação de reação, quantitativos ou qualitativos, respondidos pelos participantes. • Relatório gerado pela área.
II	Avaliação de aprendizado	• Pré-teste (feito antes do treinamento) e pós-teste (feito depois do treinamento). • Prova (aplicada apenas uma vez durante o treinamento).

(cont.)

III	Avaliação de comportamento	• Observação dos participantes. • Observação de grupo controle. • Avaliação *on the job*. • Entrevistas com a chefia imediata antes e depois.
IV	Avaliação de resultado	• Análise de indicadores de vendas, de qualidade, financeiros, etc., associados aos objetivos iniciais do treinamento.

Fonte: adaptado de Kirkpatrick (1996, p. 12).

7.3 O MODELO PROPOSTO POR PHILLIPS

Phillips desenvolveu sua teoria considerando as propostas de Kirkpatrick e trouxe para o debate um quinto eixo de avaliação, o qual se tornou extremamente popular desde então: trata-se do Return on Investment (ROI), ou seja, o retorno obtido em relação aos investimentos feitos no treinamento.

Dessa forma, os cinco níveis propostos por Phillips para avaliar os programas de T&D são:

» **Nível 1 – Reação e planejamento da ação**: busca medir a satisfação dos participantes e a forma como estes pretendem aplicar em seu dia a dia o conhecimento aprendido no programa, mensurando, portanto, o valor percebido pelos colaboradores.

» **Nível 2 – Aprendizado**: busca medir o que os participantes aprenderam no programa.

» **Nível 3 – Aplicação no trabalho**: busca medir se os participantes de fato aplicaram no trabalho aquilo que foi aprendido no programa.

» **Nível 4 – Resultados empresariais**: busca medir os efeitos do programa em relação aos resultados empresariais. Produção, qualidade, custos e satisfação do cliente são alguns direcionadores utilizados para aferir esses resultados.

» **Nível 5 – Retorno do investimento**: busca comparar os ganhos trazidos pelo programa em relação aos seus custos.

Phillips (2003), portanto, identificou a possibilidade de converter dados em valores monetários, isolando-os e comparando os benefícios obtidos com o programa de treinamento a seus custos. A fórmula para o cálculo do ROI é a seguinte:

$$\text{ROI} = \frac{\text{Benefícios líquidos (benefícios} - \text{custos)} \times 100}{\text{Custos}}$$

Segundo o autor, aquilo que não puder ser convertido ou calculado com essa fórmula será considerado um benefício intangível.

7.4 O MODELO PROPOSTO POR BORGES-ANDRADE

Os modelos de avaliação citados anteriormente têm sido amplamente utilizados tanto em empresas quanto em debates acadêmicos sobre o tema. No Brasil, vários autores também se dedicam a estudar o assunto, como Jairo Eduardo Borges-Andrade.

Este autor propõe um modelo com oito eixos avaliativos, quatro internos e quatro externos. Tal modelo é conhecido como MAIS, ou Modelo de Avaliação Integrado e Somativo, o qual foi proposto inicialmente na década de 1980 e revisto na obra *Treinamento, desenvolvimento e educação em organizações e trabalho: fundamentos para a gestão de pessoas*, de Borges-Andrade, Abbad e Mourão (2006). Os autores definem os oito componentes como:

» **Insumos**: referem-se aos fatores físicos e sociais e aos estados comportamentais e cognitivos anteriores ao programa de T&D, que podem afetar sua realização ou seus resultados.

» **Procedimentos**: são as operações necessárias para facilitar ou produzir os resultados de T&D.

» **Processos**: referem-se ao que acontece com aspectos relevantes do comportamento do participante à medida que os procedimentos são implementados.

» **Resultados**: referem-se ao desempenho pretendido com o programa. Podem ser um bom indicativo para avaliar os efeitos a longo prazo.

» **Necessidades (ambiente)**: são as lacunas identificadas entre o desempenho esperado e o desempenho realizado.

- **Suporte (ambiente)**: compreende o conjunto de aspectos que ocorrem na casa, na escola, na organização ou na comunidade do aprendiz e que exercem influência potencial sobre insumos, procedimentos, processos e resultados.
- **Disseminação (ambiente)**: refere-se à verificação do sucesso da adoção do programa e do engajamento demonstrado pelos participantes em relação a ele.
- **Efeitos a longo prazo (ambiente)**: são as consequências (positivas e negativas) ambientais das ações de T&D. Devem levar em conta os níveis individual, de equipe e da organização.

O modelo MAIS sugere, portanto, que a avaliação do programa de desenvolvimento seja feita de forma ampla, mensurando cada um dos oito itens apresentados de modo que estes possam, quando interligados, indicar o sucesso ou não do programa.

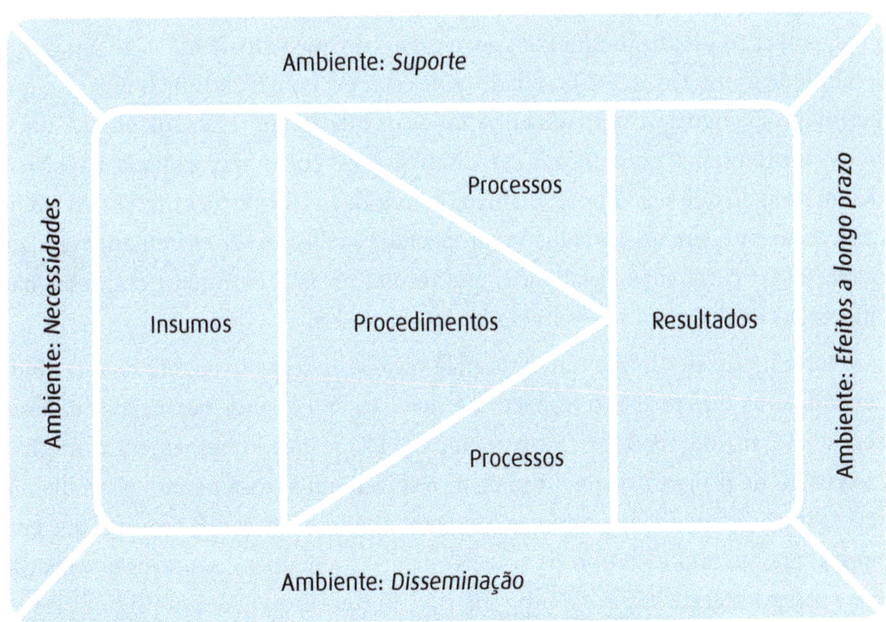

Figura 2. **Modelo de Avaliação Integrado e Somativo (MAIS)**

Fonte: Borges-Andrade (1982, p. 31).

7.5 DIAGNÓSTICO E AVALIAÇÃO

Embora não faltem bons modelos na literatura, na experiência prática ainda é possível perceber que um número grande de empresas não avalia ou deixa a desejar no momento de avaliar seus programas de T&D. Segundo Fusch (2001), pelo menos 50% das organizações nunca fizeram um cálculo de ROI ou tomaram outras iniciativas para a melhoria de seu desempenho. Tal postura não só traz enormes prejuízos financeiros, principalmente em casos de programas com alto investimento e baixo retorno, como também prejudica a imagem e a atuação da área de gestão de pessoas, na medida em que esta deixa de ocupar um papel extremamente estratégico e que poderia trazer inúmeros benefícios tanto para a organização quanto para o trabalhador. Não mensurar tais programas é o equivalente a tratá-los como ações de segunda classe dentro das empresas.

Pode-se questionar, então, por que as organizações ainda carecem de um sistema periódico de avaliação de seus programas de T&D. São diversas as hipóteses para os fatores que influenciam essa postura. A primeira diz respeito ao fato de haver, na área de gestão de pessoas, profissionais com formações extremamente variadas. Embora a pluralidade de referenciais dentro de uma equipe ou projeto possa trazer resultados muito mais auspiciosos do que se fosse mantido um grupo totalmente homogêneo, a dificuldade pode estar em construir uma linguagem que permita o diálogo aprofundado entre todos os interlocutores envolvidos. A dinâmica empresarial sempre focada em discussões de curto prazo, aliada à ausência de um modelo que seja único e dialogue com todas as formações que convivem na área, contribui para que as soluções propostas e as discussões enfrentadas tendam a apresentar certa superficialidade, que resulta no fato de muitas empresas não utilizarem totalmente as possibilidades apresentadas.

Outra hipótese – talvez um tanto polêmica – diz respeito ao fato de esta ainda ser uma área que recebe o impacto de diversos "modismos gerenciais", e, nesse sentido, a área de T&D é rica em exemplos. Propostas de treinamentos motivacionais ou de programas que prometem resolver "milagrosamente" os problemas da organização ainda encontram espaço em muitas empresas. É provável que empresas que buscam esse tipo de solução não se preocupem em fazer a avaliação dos resultados gerados por tal programa, até porque estes não serão significativos.

Atrelado a essa questão, está o fato de que muitas empresas ignoram a importância de realizar um bom diagnóstico das necessidades de treinamento e desenvolvimento (ver capítulo 3) e submetem as decisões acerca do programa não a aspectos científicos e ligados à estratégia da organização, mas, sim, a pressões internas ou, como dito anteriormente, a modismos.

Como vimos, todo o processo de avaliação de um programa de T&D deve estar intimamente relacionado com o diagnóstico de necessidade realizado, sem o qual as chances de se conseguir uma aferição efetiva de resultados são muito baixas.

QUESTÕES PARA FIXAÇÃO DO CONTEÚDO

Reflita sobre o conteúdo apresentado neste capítulo e realize as seguintes atividades:

1. Reúna-se em grupo para discutir ou reflita individualmente sobre um caso real de treinamento na organização, tentando explicá-lo à luz de algum dos três modelos apresentados neste capítulo. Cada uma das etapas do modelo escolhido deve ser demonstrada por um exemplo real colhido entre as experiências do grupo.
2. Após o exercício anterior, levante as três principais dificuldades encontradas em suas experiências cotidianas em relação a práticas de avaliação de T&D nas respectivas empresas e, para cada uma, proponha ações que possam ajudar a superá-las.

REFERÊNCIAS BIBLIOGRÁFICAS

BORGES-ANDRADE, J. E. Avaliação somativa de sistemas instrucionais: integração de três propostas. **Tecnologia Educacional**, v. 11, n. 46, p. 29-39, 1982.

BORGES-ANDRADE, J. E.; ABBAD, G. da S.; MOURÃO, L. **Treinamento, desenvolvimento e educação em organizações e trabalho**: fundamentos para a gestão de pessoas. Porto Alegre: Artmed, 2006.

FUSCH, Gene E. **What happens when the ROI model does not fit?** 2001. Disponível em: <http://onlinelibrary.wiley.com/doi/10.1111/j.1937-8327.2001.tb00230.x/abstract>. Acesso em: 19 nov. 2017.

KIRKPATRICK, D. L. **Evaluating training programs**: the four levels. São Francisco: Berrett--Koehler Publishers, 1996.

PHILLIPS, J. J. **Return On Investment in training and performance improvement programs.** Nova York: Butterworth-Heinemann, 2003.

ULRICH, D.; BECKER, B. E.; HUSELID, M. A. **Gestão estratégica de pessoas com "Scorecard"**: interligando pessoas, estratégia e performance. Rio de Janeiro: Campus Elsevier, 2001.

Considerações finais

Como foi abordado ao longo deste livro, a área de Treinamento e Desenvolvimento de Pessoas tem adquirido fundamental importância dentro das organizações. Para que os programas de T&D ocorram de maneira satisfatória, é necessário, entre outros fatores, que o responsável se mantenha atualizado e procure inovar, estando atento às novidades.

A introdução de novas tecnologias para o treinamento, por exemplo, tem se mostrado uma tendência. No entanto, mais do que a adoção apenas pela novidade, espera-se que o profissional assuma uma postura crítica em relação aos métodos de treinamento e a suas possíveis implicações para o desenvolvimento humano. O uso de diferentes técnicas e de novas tecnologias, especialmente dos jogos digitais, só faz sentido se estas forem incluídas em um contexto e projeto mais amplos; caso contrário, a iniciativa pode, na verdade, mostrar-se contraproducente.

Esperamos que este livro colabore para a atuação de estudantes, docentes, gestores e profissionais responsáveis pelos setores de T&D, auxiliando-os a compreender cada etapa do processo e a importância dos programas de treinamento para a empresa. Após um diagnóstico preciso e uma implementação efetiva, espera-se que possam ser produzidas avaliações aprofundadas desses programas, contribuindo para que os trabalhadores tenham acesso a treinamentos que de fato os ajudem a se desenvolver e para que as empresas possam ter nestes programas uma importante ferramenta na busca pelos resultados almejados. Tal postura também será fundamental para que a área de gestão de pessoas evolua cada vez mais enquanto setor estratégico.

Sobre as organizadoras

Juliana Camilo Graduada em psicologia pela Universidade São Francisco (USF), mestre e doutora em psicologia social pela PUC-SP. É docente no Departamento de Psicologia Social da PUC-SP e coordenadora de diferentes cursos de gestão na Coordenadoria Geral de Especialização, Aperfeiçoamento e Extensão (Cogeae) dessa instituição. Possui vasta experiência na área de recursos humanos, desenvolvendo e implantando soluções específicas capazes de dar sustentação ao varejo, ao *contact center* e à área industrial. Atua na coordenação, no desenvolvimento e na implantação de ações diversas em T&D (treinamento de vendas, programas de formação, etc.), de programas de saúde do trabalhador e de recrutamento e seleção (recolocação, estruturação do processo de recrutamento interno, etc.), bem como de pesquisa de clima (para 70.000 funcionários) com a metodologia Great Place to Work. Contato: jacamilo@pucsp.br.

Dione Fagundes Nunes Gomes Graduada em pedagogia pela PUC-SP, mestre e doutora em administração de empresas pela mesma instituição. É especialista em gestão de pessoas pela Unimonte. Tem experiência na área de administração com ênfase em administração de recursos humanos. Atua como professora universitária e consultora. Contato: dfngomes@pucsp.br.

Ivelise Fortim Graduada em psicologia pela PUC-SP, mestre em ciências sociais e doutora em psicologia clínica pela mesma instituição. É especialista em abordagem junguiana pela PUC-SP e em orientação profissional pelo Instituto Sedes Sapientiae. Atualmente é docente da Faculdade de Ciências Humanas e da Saúde da PUC-SP nos cursos de graduação em psicologia e de tecnologia em jogos digitais. Também atua como coordenadora do Janus – Laboratório de Estudos de Psicologia e Tecnologias da Informação e Comunicação (antigo Núcleo de Pesquisas de Psicologia e Informática – NPPI). Contato: ifcampos@pucsp.br.

www.ingramcontent.com/pod-product-compliance
Ingram Content Group UK Ltd.
Pitfield, Milton Keynes, MK11 3LW, UK
UKHW021840270726
14058UKWH00002B/264